LETTRES INÉDITES

DE

JEAN-JACQUES ROUSSEAU

CORRESPONDANCE AVEC

MADAME BOY DE LA TOUR

PUBLIÉES PAR

HENRI DE ROTHSCHILD

AVEC UNE PRÉFACE PAR

LÉO CLARETIE

TROIS PORTRAITS ET TROIS FAC-SIMILÉS

PARIS

CALMANN LÉVY, ÉDITEUR

RUE AUBER, 3, ET BOULEVARD DES ITALIENS, 15

A LA LIBRAIRIE NOUVELLE

1892

LETTRES INÉDITES

DE

JEAN-JACQUES ROUSSEAU

Droits de traduction et de reproduction réservés pour tous les pays y compris la Suède et la Norvège.

49-91. — CORBEIL. Imprimerie CRÉTÉ.

Portrait de F.T. Rousseau
d'après un dessin de Saint-Aubin
qui figure en tête des lettres autographes

LETTRES INÉDITES

DE

JEAN-JACQUES ROUSSEAU

CORRESPONDANCE AVEC

MADAME BOY DE LA TOUR

PUBLIÉES PAR

HENRI DE ROTHSCHILD

AVEC UNE PRÉFACE PAR

LÉO CLARETIE

TROIS PORTRAITS ET TROIS FAC-SIMILÉS

PARIS

CALMANN LÉVY, ÉDITEUR

ANCIENNE MAISON MICHEL LÉVY FRÈRES

3, RUE AUBER, 3

—

1892

AVIS AU LECTEUR

Au mois de mars dernier, M. Et. Charavay ayant entre les mains un volume de lettres inédites de Jean-Jacques Rousseau, me les communiqua. L'intérêt de ces lettres, adressées à Madame Boy de la Tour, et leur caractère inédit me décida à en faire l'acquisition.

C'est un grand volume in-folio, relié en maroquin plein du xviiiᵉ siècle, il renferme environ cent cinquante feuilles de papier très fort, sur lesquelles sont collées sur onglets les lettres de Jean-Jacques Rousseau. Chacune de ces lettres porte un numéro d'ordre en écriture du temps et semble être de la main de Mᵐᵉ de la Tour. Rousseau avait déjà en 1763, un renom tel que ses lettres étaient fort appréciées et conservées par ceux ou celles qui les recevaient. C'est ce que prouve ce recueil où Mme de la Tour semble avoir collées les lettres dans l'ordre de leur réception. Bien que très désireux de faire part de ces lettres au public amateur de littérature, je fus un peu arrêté, me sentant incapable de mener à fin une publication aussi importante. Plus porté également vers les études scientifiques, je me sentis sortir du cadre de mes études habituelles, je résolus de chercher un collaborateur pour me fournir les indications essentiellement littéraires que demandait la publication du présent volume. M. Léo Claretie a bien voulu se charger de cette tâche difficile. Je le remercie des excellents documents qu'il m'a fournis[1]. Je l'ai prié de bien vou-

---

[1]. Nous devons au savant M. A. Begis, communication des renseignements suivants, parus dans l'*Intermédiaire des chercheurs*, 10 décembre 1891 : « Madame Boy de La Tour (Julienne-Roguin), née en 1715, à Yverdun, épousa G. D. Boy de la Tour, son cousin, originaire de Lyon, neveu de Roguin d'Yverdun, et banquier à Neufchâtel (Suisse). Son mari étant mort avant 1762, elle continua à gérer sa maison de banque. En 1762, étant chez ses sœurs à Yverdun, elle eut l'occasion de voir J.-J. Rousseau, qui était alors à la recherche d'une nouvelle habitation ; elle lui offrit sa maison de Môtiers-Travers que Rousseau accépta. Son illustre locataire devint son ami, son protégé et celui de toute sa famille. Elle mourut le 11 septembre 1780, ayant de son mariage trois filles et deux fils.

1° Madeleine-Catherine Boy de La Tour, mariée le 16 octobre

AVIS AU LECTEUR.

loir présenter au public mon manuscrit dans une introduction. On y trouvera le résumé des idées exprimées par Rousseau, et l'on ira chercher dans ces lettres elles-mêmes, les détails méticuleux et les préoccupations exclusivement matérielles du philosophe. C'est le philosophe en pantoufles et nous aurions donné ce titre à notre publication, s'il n'avait paru un peu choquant. Le texte du manuscrit a été reproduit tel qu'il est avec les fautes d'ortographes, d'accentua-

---

1766 avec Etienne Delessert, banquier, père de Benjamin, de François et Gabriel Delessert, qui occupèrent tous trois à Paris un rang considérable, à divers titres. Elle mourut à Paris, le 23 mars 1816.

2° Elisabeth Boy de La Tour, née en 1755, mariée avec Guillaume Mallet, fondateur d'une importante maison de banque, à Paris et morte à Deuil, près Montmorency, le 20 mai 1781.

3° Demoiselle Boy de La Tour, mariée avec M. de Villadin, de Berne.

4° Jean-Pierre Boy de La Tour, banquier à Lyon et à Neufchâtel, marié avec la demoiselle Pasquier et mort à Môtiers, le 2 juillet 1772, ayant un fils, François-Louis Boy de La Tour, marié à Crassier, le 24 octobre 1774, avec Henriette-Marguerite Boutens, et une fille, Marie-Louise Boy de La Tour, morte à Fleurier, le 10 avril 1808, et Louis Boy de La Tour, mort à Lyon, sans postérité.

Le portrait de madame Boy de La Tour, peint par Joseph Sifrede Duplessis, se trouve dans la collection de M. le baron Hottinguer. Il a fait partie de l'exposition *des arts au début du siècle*, au Champs de Mars, sous le n° 365 du catalogue. »

Il y a dans ces informations un certain nombre d'erreurs constatées par les documents que l'on trouvera en appendice. De plus, le portrait de la collection Hottinguer, que nous reproduisons, n'est pas celui de madame Boy de la Tour, mais bien de

tion et de ponctuation. On pourra s'en rendre compte en confrontant avec le texte imprimé, la reproduction photographique d'une lettre que nous avons ajoutée au texte. Nous avons également joint à cette publication le fac-similé d'un autographe de Thérèse Le Vasseur; c'est peut-être le seul qui existe et l'on se rendra compte de son intérêt.

sa fille Madeleine de Lessert. Nous donnons en même temps une reproduction du portrait de sa mère, madame Boy de la Tour, d'après un pastel appartenant à la famille. On trouvera à la fin du volume la généalogie des Roguin et des Boy de la Tour. Une étude complète sur la famille de Lessert a été publiée dans les *Annales historiques, mobiliaires et biographiques* de Tisseron, en 1873, volume XLV. On y lira (p. 64), entre autres curieux détails, que l'idée de *La joie fait peur* de madame Émile de Girardin est venue à l'auteur à l'occasion de la mort d'un M. de Lessert.

PRÉFACE

« Ici commence l'œuvre de ténèbres ! » Tel est le début sinistre et fatal du livre XII des *Confessions*, qui s'ouvre comme un chapitre de Balthazar Bekker, ou de Swedenborg.

C'était en 1762, et l'existence de Jean-Jacques Rousseau n'était pas heureuse. L'apparition de l'*Émile* venait de soulever contre lui noises et tempêtes. Le parlement l'avait décrété de prise de corps. La nouvelle était venue le surprendre au lit, dans sa chambre de l'Ermitage, au moment où il venait de s'endormir sur le livre du *Lévite d'É-phraïm*, la nuit du 8 juin. Il avait précipitamment ramassé ses papiers, confié ses clefs au maréchal de Luxembourg, son hôte, fait ses adieux, dans l'entresol, à madame de Luxembourg, à madan e de Boufflers, à madame de Mirepoix, à Thérèse, et dès le lendemain, à quatre heures de l'après-midi, un cabriolet à deux chevaux l'emportait vers Paris. Il rencontra sur la route les huissiers qui venaient l'appréhender au corps : ils le saluèrent, et ce salut ôte un peu de terreur dramatique au récit de Rousseau. On venait l'arrêter pour la forme, en l'avertissant à temps pour lui permettre de se sauver. Il traversa tout Paris, fut reconnu par nombre de gens dont aucun ne songea à saisir par la bride les chevaux du petit cabriolet.

Le fugitif s'en fut à traites forcées du côté de Villeroy, passa par Salins, trouva le temps fort long et les coussins de sa voiture fort durs, occupa les loisirs de la route à composer un *Lévite d'Éphraïm* dans le ton doucement ému de Gessner, et arriva enfin à la frontière du territoire de Berne, où il fit arrêter l'équipage pour se prosterner, et bénir cette terre de liberté, à la grande stupéfaction du postillon. Il se hâta de gagner Yverdun, petite ville au sud du lac de Neuchâtel, où il vint surprendre son « bon vieux ami » M. Roguin, qui s'y était retiré depuis quelques années.

C'est là qu'il connut la nièce de son hôte, sa future bienfaitrice, madame Boy de la Tour.

Jean-Jacques se trouva si bien du séjour d'Yverdun qu'il prit la résolution de s'y fixer, sur les instances de M. Roguin, de toute sa famille et du bailli. Le colonel, un parent, lui offrait un petit pavillon entre cour et jardin; on y transporta des meubles; et Jean-Jacques écrivait à Thérèse de le venir rejoindre, quand tout à coup le bailli reçut du Sénat de Berne l'ordre d'expulser du territoire l'auteur de l'*Émile*. Toutes les démarches furent inutiles, il fallut replier bagages. Mais où aller? L'infortuné Rousseau était chassé de France, haï à Berne, détesté à Genève, où le ministère de France était encore plus puissant qu'à Paris, et où le *Discours sur l'inégalité* avait surexcité la haine du Conseil.

C'est alors que madame Boy de la Tour lui offrit de l'établir dans une maison toute meublée qui appartenait à son fils, au village de Motiers, dans le Val-de-Travers, comté de Neuchâtel, à peu de distance d'Yverdun, sur l'autre versant de la montagne. Il accepta. Madame Boy lui donna au départ, comme souvenir, une pelote d'épingles dont il la remercia dans sa première lettre, et qu'il baisera quelquefois « les jours de barbe », en « mémoire d'un meilleur tems ».

Il quitta la maison de son ami, accompagné par le colonel Roguin, et traversa la montagne qui sépare Yverdun de Motiers. La belle-sœur de madame Boy de la Tour, madame Girardier, l'aida de bonne grâce à s'installer; il mangea chez elle en attendant l'arrivée de Thérèse.

Jean-Jacques a très sommairement conté son séjour à Motiers et ses relations avec madame Boy de la Tour. La fin des *Confessions* est faite de mémoire, le récit « ne peut plus marcher qu'à l'aventure ». Aussi n'est-ce pas là qu'il faut chercher des informations sur les années que Jean-Jacques a vécues au Val de Travers. Elles sont dans un recueil considérable et inédit, contenant quatre-vingt-treize lettres adressées par Jean-Jacques à madame Boy de la Tour, longtemps conservé dans la famille de celle-ci, et appartenant aujourd'hui à la collection d'autographes de M. le baron Henri de Rothschild.

La première lettre du recueil porte la date du 18 juillet 1762; la dernière, celle du 18 janvier 1773.

Cette période a déjà été minutieusement étudiée dans les travaux récents de MM. Guillaume, Fritz Berthoud, Ritter, Jansen et Maugras. Mais les lettres de Jean-Jacques à madame Boy étaient encore inédites et même inexplorées jusqu'à la présente publication. En revanche, on connaissait déjà quelques lettres de madame Boy de la Tour à Jean-Jacques, mais elles avaient plutôt induit en erreur les biographes, qui n'avaient pas entre les mains la contrepartie. Ils n'entendaient qu'une cloche.

Ces quatre-vingt-treize lettres offrent le plus vif intérêt pour qui aime à connaître les détails de la vie privée de Jean-Jacques, ses occupations, son intérieur domestique, ses manies, ses enfantillages, ses querelles avec ses voisins, ses commérages, ses ingérences maladroites dans les affaires d'autrui, ses achats, ses excentricités : en un mot, c'est Jean-Jacques en robe de chambre et en pantoufles.

De plus, elles mettent en lumière une figure gracieuse et bienveillante, la bienfaitrice de Rousseau : elle mérite mieux que l'ombre et l'oubli où on l'a laissée. Elle le logea et le soutint de ses secours, de ses conseils, de son obligeance que ne rebutèrent jamais les maussaderies ordinaires de son « concierge », comme signait Jean-Jacques.

Rousseau habita Motiers durant trois ans. Le 18 juillet 1762, il écrit à madame Boy de la Tour qu'il achève son installation; et le 4 décembre 1765, il lui annonce qu'il a quitté le pays.

A la vérité, peu d'événements importants ont marqué ce court séjour. Rousseau écrivit beaucoup de lettres, reçut beaucoup de visites, en rendit quelques-unes, se fit rapidement beaucoup d'ennemis par son humeur grondeuse et insociable, qui ne lassa pas cependant quelques bons et fidèles amis.

De ce nombre fut lord Keith, grand seigneur écossais chassé de son pays pour s'être attaché à la maison des Stuart. Le roi de Prusse, auprès de qui il avait cherché un asile, lui avait donné le gouvernement de Neuchâtel. C'est là que Jean-Jacques fit la connaissance de ce beau et maigre vieillard. Ils se plurent, se lièrent, se virent souvent, et chassèrent ensemble. Lord Keith quitta le pays avant qu'ils eussent eu le temps de se brouiller; aussi Rousseau lui conserva-t-il le plus affectueux souvenir.

Venu à Motiers pour rencontrer le calme, Jean-Jacques ne manqua pas d'y retrouver l'écho des discussions soulevées par ses ouvrages. La classe des pasteurs de Neuchâtel et le *Mercure* de cette ville fulminèrent contre l'exilé, qui du fond de sa retraite entendait en maugréant le bruit des récriminations voisines.

Il reçut pour se consoler l'accueil le plus bienveillant dans sa nouvelle résidence. Il a conservé avec une pieuse reconnaissance le nom de ses amis d'un jour, le colonel de Pury, Dupeyrou, Moultou, Laliaud, de Feins, de Montauban, Dastier, d'Ivernois, Roustan, Mouchon, le baron de Sauttern et tant d'autres visiteurs qui vinrent égayer de leur sympathie les noires humeurs du proscrit.

Quand il ne travaillait pas à l'édition complète de ses œuvres, ses ripostes aux attaques étaient ses plus importantes occupations : réponse au mandement lancé contre l'*Émile* par Mgr de Beaumont, archevêque de Paris; lettre au syndic de Genève pour se démettre de ses droits de bourgeoisie, réfutation des *Lettres écrites de la campagne* par les *Lettres écrites de la montagne*. Une correspondance très active l'occupait, et nous valait ses jolies lettres à madame Boy de la Tour, à madame de Verdelin, à madame La Tour Franqueville, à mademoiselle Isabelle d'Ivernois.

Entre-temps, l'auteur du *Contrat social* songeait à mettre ses théories à l'épreuve des faits. Paoli venait de soustraire la Corse à la domination génoise. Il s'adressa à Rousseau pour donner une constitution à son peuple libre (1764). Le solitaire de Motiers accepta avec joie et orgueil ce rôle de législateur. « La seule idée m'élève l'âme et me tranporte. » Il songe déjà à un voyage en Corse : mais ce fut un feu de paille. Il vit bientôt de grosses difficultés à ses projets, l'embarras de contrarier le ministre de France, et surtout la peur de découvrir dans toute cette affaire une mystification arrangée par Voltaire. La défiance tourna bientôt à la froideur, et il n'y songea plus.

De graves soucis venaient encore de ses relations avec le pasteur de l'endroit, M. de Montmollin, qui accueillit d'abord favorablement l'exilé, lui permit de porter au temple l'habit arménien, lui donna la communion, puis soudain, après les *Lettres de la montagne*, s'éloigna de lui[1], et, sous l'influence de Genève, amoncela contre son illustre paroissien l'orage final. Il le cita devant le consistoire, et contribua pour sa part à la persécution meurtrière qui chassa Rousseau de Motiers, comme un antéchrist et un loup-garou, à coups de pierres.

De récents chagrins étaient venus préparer à la catastrophe cet esprit assombri et aigri par la maladie. Ses plus anciennes et ses plus chères affections avaient disparu; madame de Luxembourg, madame de Warens étaient mortes, et la nouvelle de ces malheurs avait sensiblement affecté le vieil ami à qui ils rappelaient de si heureuses et de si lointaines journées. Son voisin, mylord Maréchal, avait quitté Neuchâtel; le baron de Sauttern s'était presque enfui en laissant dans l'âme du trop confiant Rousseau des doutes amers.

C'est dans ces tristes dispositions que vint le surprendre la scandaleuse manifestation où, trahi de tous, noirci, honni, banni, lapidé, cerné et traqué dans sa maison, il réussit à s'enfuir pour

---

[1]. Voy. Fritz Berthoud, *Jean-Jacques Rousseau et le pasteur de Montmollin*. Fleurier, 1884.

aller chercher ailleurs un asile plus sûr et plus calme. Il se réfugia d'abord à l'Ile-Saint-Pierre, puis à Bienne, songea à partir pour la Corse ou pour Berlin, quand le voisinage de Berne lui eut rendu impossible le séjour de Bienne, s'arrêta à Strasbourg, et finalement fila sur l'Angleterre. A son retour de Wootton, il fut d'abord caché par le marquis de Mirabeau dans sa campagne de Fleury-sous-Meudon, puis par le prince de Conti dans son château de Trye, près Gisors. Il prit le faux nom de Renou, et se dirigea en quittant Trye vers l'intendance du Dauphiné où le maréchal comte de Clermont-Tonnerre le protégea. Il passa à Lyon, à Grenoble, à Chambéry, alla visiter la tombe de madame de Warens, se réfugia à Bourgoin où il épousa Thérèse à l'auberge de la Fontaine d'Or, quitta Bourgoin pour Monquin, où madame de Césarges lui offrit une ferme, puis quitta Monquin pour Lyon où il vécut quelque temps chez madame Boy de la Tour; enfin il s'établit à Paris, rue Plâtrière, à l'hôtel du Saint-Esprit, d'où il date les dernières lettres de ce recueil, en les faisant précéder du quatrain prétentieux qui constate déjà sa folie.

Entre ces faits historiques et connus, comme entre les mailles d'un réseau, s'intercalent une foule de renseignements curieux comme des indiscrétions, qu'on peut puiser à pleines mains dans ces lettres adressées par Jean-Jacques à sa protectrice.

Madame Boy de la Tour habitait Lyon en hiver. Elle était veuve avec cinq enfants, dont trois filles[1]. L'une, l'intéressante Madelon, l'amie de Jean-Jacques, devint madame Delessert ; les deux autres se marièrent aussi et furent mesdames Mallet et de Willading. Quant aux deux fils, ils géraient avec la mère la grande maison de commerce de Lyon où Rousseau avait placé sa petite fortune. Les emplettes qu'il fait faire par madame Boy sont remboursables sur les revenus qu'elle lui fournit : mais il paraît assez, aux factures, qu'elle diminue volontairement les chiffres ; ses commissions sont des cadeaux déguisés pour ménager l'amour-propre susceptible de son protégé, à commencer par le loyer dérisoire qu'elle lui fait payer pour l'occupation de sa maison de Motiers : il était tout juste suffisant pour que

[1]. F. Berthoud. Consulter l'appendice pour plus de détails sur la famille.

Jean-Jacques pût se croire un locataire, quand il était un hôte. « Vous voulez que je tire un loyer ! à la bonne heure ! à trente livres de France, il est surpayé. Ce n'est pas dans ce pays que l'on tire parti des maisons ; jamais je n'en ai tiré un liard, je l'ai prêtée souvent, et avec obligation à ceux qui l'occupaient. » (Lettre de madame Boy de la Tour à Rousseau, 20 juillet 1762.)

Rousseau n'accepta pas l'hospitalité gratuite, il l'accepta déguisée. Parfois, à voir les factures si mal en rapport avec ses commandes et ses exigences, il lui prenait des doutes, son honneur s'alarmait ; il réclamait, mais un peu à la façon de Figaro reconnaissant ses dettes au docteur Bartholo : « — Je vous dirai là-dessus qu'après toutes les dépenses que vous avez faites pour moi le loyer de dix écus par mois n'est pas même proposable. Ce serait de ma part une ingratitude monstrueuse de croire ainsi m'acquitter avec vous, et j'aimerais encore mieux vous être tout franchement redevable du tout, et recevoir de vous l'hospitalité pleine et entière, que de paraître payer mon loyer, tandis qu'en effet je le paierais si mal. » (A madame Boy, Motiers, 19 novembre 1763.)

Voué au triste sort d'être toujours aidé, secouru et sauvé par autrui, il se résignait en gémissant à cet austère sacrifice qui lui apparaissait — surprise imprévue ! — comme une mortification nouvelle imposée par la perfidie de ses persécuteurs. « Une des plus grandes rigueurs de ma destinée, et de celles que je sens le plus, est d'être toujours à charge à mes amis, et de leur être toujours inutile. Ceux qui disposent de moi avec autant de barbarie que d'iniquité ont bien choisi dans mon cœur les endroits les plus sensibles pour ne perdre aucun de leurs coups. (A madame Boy, Monquin, 6 octobre 1769.)

On eut rarement aussi mauvaise grâce à se plaindre. Mais c'était le sort de Jean-Jacques de considérer comme des infortunes les bontés qu'il lui fallait subir. Il fut donc très malheureux. Quand il arriva à Yverdun, c'était à qui se disputerait l'honneur de l'héberger : Dupeyrou lui offrait un asile à Cressier, d'Escherny à Cornaux, Pury à Suchiez, et plus tard Du Bois au Locle. C'est Roguin qui l'emporta, en logeant son vieil ami chez sa nièce. Il ne faut pas le confondre avec son parent le banneret Roguin, dont Jean-Jacques eut fort à se plaindre, car il apprit plus tard que le banneret avait contribué à le faire expulser de l'État de Berne. Un autre parent, Pierre Boy de la Tour, prit rang aussi parmi les persécuteurs de Jean-Jacques et ne partagea pas la bienveillante sympathie de sa famille. Rousseau se vengea en le plaisantant dans « la vision de Pierre de la Montagne, dit le Voyant », qui n'eut aucun succès : « les Neuchâtelois, confesse modestement l'auteur, avec tout leur esprit, ne sentent guère le sel attique ni la plaisanterie sitôt qu'elle est un peu fine. » (*Confessions*, xii.)

Dès que madame Boy de la Tour eut quitté la campagne de son oncle et fut rentrée en ville, Jean-Jacques, du fond de son village, se mit en devoir de lui envoyer ses commandes. Il a sans cesse recours à son amie pour la charger des emplettes les plus vulgaires. « On ne trouve rien à Motiers », écrit-il, et il profite sans scrupules de ses relations à Lyon.

« A peine êtes-vous arrivée (à Lyon) que voilà toutes mes commissions en train. Soit fait, puisque vous êtes si bonne, il faut bien un peu en abuser. Pour la fourrure de la robe de bouracan je préférerais la façon de martre n° 1 à 75 livres.

Mais j'ai peur que cette fausse martre ne dure pas ; c'est pourquoi je ne sais s'il ne vaudrait pas mieux sacrifier une vingtaine de livres de plus et choisir le petit gris n° 2 à 96 livres qui, je crois, serait plus léger et durerait beaucoup plus. » (Motiers, 9 octobre 1762.)

Quelquefois il y a méprise ou malentendu :

« La fourrure est très belle et chaude, seulement le bonnet assortissant ayant été doublé en plein s'est trouvé trop étroit pour entrer dans ma tête, peut-être faudra-t-il ôter le dedans pour pouvoir le mettre. » (Motiers, 6 novembre 1762.)

Pourtant ce n'est pas faute de précision, de détails, de précautions préliminaires et de recommandations dans les ordres qu'il transmet. Un commis expéditionnaire ne serait pas plus limpide et plus net dans le libellé de ses devis et de ses prospectus : « Premièrement, je voudrais une rame de beau papier à lettres, mais beaucoup plus petit que celui-ci et passant seulement la moitié d'un doigt ou deux ; on y joindrait deux ou trois bons canifs et portefeuilles de carton de médiocre grandeur. Je voudrais quelque petite étoffe très légère pour un caffetan d'été. Celui de camelot que vous avez eu la bonté de me faire

faire est un peu gros et rude, il lime trop le doliman de dessous, la doublure des devants est extrêmement grosse et il a été estropié par le tailleur. Si c'est du camelot, je voudrais qu'il fût doux et fin, et, en le prenant gris, on prendrait aussi de la toile grise, mais très fine pour doubler les devants. Si c'est quelque autre étoffe légère de soie ou autre qui ne ronge pas la doublure on pourra prendre un petit taffetas pour doubler les devants. La quantité d'étoffe doit répondre à peu près à une aune et deux tiers de drap. » (Motiers, 9 octobre 1763.)

Ses lettres sont des commandes variées; on dirait un livre de ménagère. Ici il lui faut « un petit paquet de cloux d'épingles pour attacher des estampes encadrées, un paquet de cure-dents et de bon amadou, s'il y en a à Lyon, car ici il ne vaut rien du tout, et cela désespère un homme qui a souvent besoin de battre le fusil pendant la nuit ». (23 novembre 1762.) Voilà une raison qu'on ne lui demandait pas, et dont madame Boy de la Tour se serait apparemment bien passée. Lui en fit-elle la remarque? On le croirait, à voir avec quel pudique embarras il reçoit un peu plus tard un « étui très bien soudé » (17 fé-

vrier 1765), à l'usage de son traitement intime.
« Ce ne sont pas des commissions de femmes, »
et il s'excuse du malentendu à la suite duquel
madame Boy de la Tour a cru devoir se charger de
cet envoi confidentiel.

Ailleurs il lui faudrait des canifs, du café (9 octobre 1763) et deux ou trois almanachs de poche ; un autre jour, il désire deux fers à repasser (18 décembre 1766) pour mademoiselle Le Vasseur, et comme ils seront emballés avec un coupon de soie, il recommande qu'ils soient bien enveloppés, « de manière qu'ils ne coupent pas l'étoffe à cause de leur pesanteur ». Saurait-on être plus prudent, plus pratique et plus soigneux ? Quand il fait venir de la laine, il en envoie un échantillon soigneusement maintenu sur une étroite bande de papier par deux petits cachets de cire rouge, et collé au feuillet de sa lettre.

Que ne commande-t-il pas ? des langues de Neuchâtel « qui sont un peu moins mauvaises que celles de Motiers, du moins les salées » ; de l'huile d'Aix, des chandelles de six à la livre « car on n'en trouve que d'infâmes dans tout le pays » (25 août 1764), de la ficelle pour faire des paquets, du vin, des confitures, des mitaines de soie pour la fête de Thérèse, « une paire de bas drappés », et quand il est à Bourgoin, une alliance d'or pour se marier ; du papier à lettres « un peu plus fort que celui sur lequel il écrit, mais blanc et fin » (27 mars 1763); « deux agrafes pour un corps de femme, une paire de lunettes appelées conserves » (17 janvier 1769). Il s'informe des adresses de ses fournisseurs, il s'enquiert d'un épicier, d'un papetier, d'un mercier, d'un quincaillier, d'un marchand de bonnes chandelles.

Pour le 1er janvier 1764, il veut faire à Thérèse la surprise d'un joli cadeau, « un manchon de femme assez joli ». Il commande, mais, dans l'intervalle, il en trouve un à Motiers « par occasion ». Vite il dépêche un mot : « Point de manchon, s'il vous plaît ! » Et il ajoute ce postscriptum qui peint l'homme au vif : « Je vous prie d'ajouter à la place un bonnet de nuit de laine fine pour moi, et des plus grands, parce que j'ai la tête grosse ». Cette rectification, qui enlève à sa maîtresse un manchon neuf et qui lui vaut à lui un bonnet de nuit est un trait de caractère et des plus éloquents : il constate mieux que la plus érudite dissertation un égoïsme exigeant et absorbant, qui en aucune occurrence ne s'oublie ou ne renonce à ses droits.

Point de dépenses superflues, s'il vous plaît! Quand il s'installe à Bourgoin, il a soin de réduire les frais : « On me prête des couteaux et un moulin à café. Ainsi, si l'emplette de ces articles n'est pas faite encore : on la peut retrancher. » (Bourgoin, 9 septembre 1768.)

La figure de Jean-Jacques, à travers cette correspondance, s'éclaire d'un jour nouveau, qui semble emprunter ses reflets au feu du fourneau de cuisine; l'auteur du *Contrat social* nous apparaît au milieu des occupations les plus triviales de son petit ménage, un paquet de chandelles et une livre de café sous le bras; le cabinet de travail où il écrit la *Lettre à Christophe de Beaumont*, archevêque de Paris et les *Lettres de la Montagne* prend une vague apparence de boutique et d'épicerie, où les pots de confiture voisinent avec le dernier ouvrage de Morellet, et où les *Lettres écrites de la campagne* par Tronchin reposent sur deux fers à repasser. Le grand homme, entre deux rêveries sublimes, tient son livre de dépenses, épingle des estampes au mur et vérifie s'il y a encore de l'amadou et des cure-dents sur le manteau de la cheminée ; l'écrivain se double d'un homme d'intérieur pratique, rangé et minutieux, qui veille et qui vaque lui-même aux soins du ménage.

C'est dans toute sa pauvre misère le type moderne du ménage de savant, où la servante est la maîtresse de son maître, et où tous deux vivent à l'écart, inquiets des commérages du voisinage, défiants des intrus, confinés dans l'intérieur modeste et propre qu'habitèrent le Bonhomme Jadis ou M. Sixte.

Nous sommes minutieusement informés de ses habitudes, de sa santé, de ses goûts et de ses dégoûts : « Je continue à être mieux ; cependant le côté droit est toujours enflé. J'ai lieu de croire que le vin de cabaret avait autant contribué que l'air et l'eau à ma maladie, car j'en ai apporté ici une vingtaine de bouteilles, et toutes les fois qu'il m'arrive d'en boire je me sens plus incommodé qu'il ne m'arrive en buvant d'autre vin. L'alun dont les cabaretiers le frelatent n'affecte pas beaucoup les gens en santé, mais agit plus sensiblement sur un corps infirme. » (Monquin, 17 mars 1769.)

A ces effusions intimes nous devons quelquefois de jolies pages : ainsi celle où Jean-Jacques conte à madame Boy ses préparatifs de déménagement quand il quitte Monquin : « Ma femme, le cœur ainsi que moi plein de vos bontés, et qui vous prie d'agréer ses tendres respects, aurait à vous présenter aussi pour son compte une petite requête au sujet de sa petite basse-cour composée de sept jeunes jolies poules et d'un coq. Tout cela sont ses élèves et nous ne saurions nous résoudre elle ni moi à manger les poules dont nous avons mangé les œufs. Vous devriez bien, chère maman, donner asile à ce petit serrail dans votre maison de campagne, à condition toutefois qu'elles auront chez vous la même liberté qu'elles ont ici, ce qui se peut, ce me semble, sans grand inconvénient, puisque votre jardin est à vous au lieu que, par la raison contraire, elles ne sauraient jouir à Fourvière de la même liberté. Si vous consentez à exercer cette petite hospitalité, il faudrait, en envoyant la charrette, y mettre un panier où l'on pût loger la petite famille de façon qu'elle vous arrivât saine et sauve. Il nous reste aussi quelques pommes qu'il est inutile de laisser ici. Un autre panier pour les mettre ferait l'affaire, dût le charretier les manger en chemin. »

Quelle plaisante et curieuse peinture, qui nous

montre Jean-Jacques au milieu des cages à poules, attendri sur le sort de ses volatiles pour lesquelles il implore d'une voix humide plus que la vie : la liberté! C'était bien aimer l'indépendance que de la réclamer pour la société dans ses livres, et dans ses lettres pour sa basse-cour.

Il paraît avoir aimé les bêtes, ce qui est ordinairement le signe d'une bonne nature. A Montmorency il avait une chatte, Minette, qu'il laissa à madame de Verdelin quand il dut s'enfuir. Madame de Verdelin lui envoie de temps en temps des nouvelles [1]. A Monquin il avait un chien, Sultan, qu'il emmenait avec lui dans ses tournées d'herborisation. Cette bête paraît avoir eu pour son maître une affection moins suspecte que celle de ses contemporains. Jean-Jacques conte un accident qui lui arriva : « Peu de jours après mon arrivée ici je repartis pour une herborisation sur le mont Pila, qui était arrangée depuis longtemps. Notre voyage fut assez triste, toujours de la pluie, peu de plantes, vu que la saison était trop avancée ; un de nos messieurs fut mordu par un chien, Sultan fut estropié par un autre. Je le perdis dans

[1]. Bernardin de Saint-Pierre, à sa première visite chez Jean-Jacques Rousseau remarqua un serin dans une cage.

les bois où je le crus mort de ses plaies ou mangé des loups ; à mon retour j'ai été tout surpris de le retrouver ici bien portant sans que je sache comment dans son état il a pu faire sans manger cette longue route et surtout comment il a retraversé le Rhône. » (Monquin, 29 août 1769.)

L'été, ce lui était une grande joie d'aller herboriser dans la montagne, et ensuite à travers l'île Saint-Pierre. Il devint même naturaliste à gages et fournisseur d'herbiers. Il envoyait fréquemment des collections à la duchesse de Portland. Plus tard, quand la gracieuse Madelon fut mariée et mère de famille, elle voulut que sa fille apprît la botanique, et Jean-Jacques fut chargé de cette éducation. Avant de l'entreprendre, il se renseigne en homme qui n'a pas du tout envie de perdre son temps, même pour les petites filles de ses amies. « Je voudrais savoir si c'est tout de bon que madame de Lessert veut amuser sa fille de la connaissance des plantes? Je serais comblé de pouvoir, au moins dans ces bagatelles, aider à ses soins maternels. Je me ferai le plus délicieux amusement de concourir aux siens en lui communiquant là-dessus mes idées. Mais je vous avoue que ma paresse serait moins évertuée si je croyais qu'elle ne suivît cette petite étude que par complaisance et, comme on dit, par manière d'acquit. Je vous demande, madame, de vouloir me parler là-dessus de bonne foi. » (16 avril 1772.) Comme la vocation était sérieuse, il se résigna, mais à la condition de n'être ni trop dérangé ni trop incommodé, en homme qui sait et qui mesure la valeur de son temps et la force de ses jambes. Il lui écrit en lui faisant tenir une collection d'herbes : « Le paquet est si petit que j'ai peur qu'il ne se perde à la diligence qui d'ailleurs est très loin d'ici, et comme il fait fort mauvais, que je n'ai d'autre domestique et commissionnaire que moi, s'il arrivait que vous puissiez m'indiquer dans ce quartier quelqu'un à qui pouvoir le remettre cela me serait je l'avoue d'une grande commodité. » (Paris, 16 avril 1772.)

Quand l'hiver mettait un terme aux tournées d'herborisation, il fallait une distraction de chambre. Il confia un jour à madame Boy de la Tour le soin de lui trouver une épinette à louer pour six mois, et c'est tout une affaire : « Je ne voudrais pas une patraque, je voudrais une bonne épinette bien en état et tout ce qu'il faudrait, cordes, plumes, marteau, écarlate, pour raccommoder ici ce qui se pourrait déranger. » (29 août 1769.) Si on ne trouvait pas, qu'on lui envoie un violoncelle, des cordes, et de la colophane, sinon, un bon cistre à cinq cordes monté dans le bas en cordes filées un peu grosses, ou une flûte à bec, et en tout cas du papier réglé. Sa correspondance prend à ce moment l'aspect d'un mémoire de quelque luthier de Crémone; elle fait songer par l'abondance et la précision du détail à ces ateliers d'artistes que décrivaient Hoffman ou Balzac, où les violoncelles, les cithares et les violons, les Amati, les Stradivarius et les Stamitz encombrent les établis de leurs carcasses fauves et luisantes.

Quelques jours après il a reçu de Lyon le cistre convoité, mais il est injouable, « c'est un vrai chaudron ». Enfin l'épinette est annoncée. Que de recommandations, quel homme minutieux! Si le porteur n'abîme pas l'instrument, il aura trente sols en plus. « Le porteur de l'instrument pourra s'adresser à Bourgoin au sieur de la Tour, perruquier sur la place, qui lui indiquera le chemin pour venir ici. La Tour ou son frère viennent me raser tous les vendredis et mardis matin et si le voyage de l'homme pouvait s'ajuster sur ces mêmes jours, un des deux la Tour pourrait l'amener lui-même. Je vous prie de dire au porteur que s'il ménage assez l'instrument en route pour qu'il arrive ici d'acord et en bon état, je lui donnerai trente sols pour boire par-dessus l'accord que vous aurez fait. »

Profitant de l'occasion il ajoute quelques commissions :

« L'une est d'une petite caisse de chandelles des six à la livre et d'une douzaine de livres; l'autre serait d'un bonnet de laine et d'une paire de bas drapés et de gants chauds pour votre pauvre ami qui commence à grelotter terriblement. Si vous y pouviez joindre une paire de mitaines de soie pour ma femme, j'aurais le plaisir de les lui donner pour sa fête qui est le quinze de ce mois. » (Monquin, 6 octobre 1769.)

Même dans les petits détails on reconnaît le Jean-Jacques des *Confessions*, inquiet et grondeur, prévoyant jusqu'à être lassant, anxieux jusqu'au ridicule.

C'était bien pis encore, quand il s'agissait de son costume arménien. Ceci fut un véritable événement, dont on parle encore.

Pourquoi Rousseau s'habilla-t-il en Arménien ?

On a dit que ce fut par raison de santé, et il est fort possible, mais cela n'explique pas pourquoi la robe arménienne fut par lui précisément choisie de préférence à une simple robe de chambre. Qu'est-ce qui valut à l'Arménie l'hommage de cette prédilection? Les différentes informations que nous confie Jean-Jacques à ce sujet concordent mal. Dans les *Confessions*, il dit que l'idée de cette mascarade lui était venue diverses fois dans le cours de sa vie. Il se décida à Montmorency. Un tailleur arménien y venait souvent voir un parent, il craignait de ne pas trouver partout un tailleur arménien sous sa main, car ce genre d'ouvrier ne court pas les rues; il consulta madame de Luxembourg; elle l'approuva et il commanda son costume, au risque du qu'en dira-t-on. Le qu'en dira-t-on l'inquiéta plus qu'il ne l'avoue, puisqu'il ne prit son nouvel équipage que plus tard, à Motiers, non sans avoir sollicité l'approbation du pasteur.

Dans les lettres à madame Boy de la Tour, il prend modèle sur un Arménien qu'il a vu chez mylord maréchal.

Enfin, où qu'il ait aperçu et copié le patron de sa garde-robe, il y consacra tous ses soins, et ses recommandations à sa commissionnaire de Lyon nous mettent au fait des moindres détails de son accoutrement.

Voici, pour les peintres de l'avenir, son portrait en pied.

La robe d'hiver est longue, en bourracan, doublée de bonne fourrure durable formant parements au bout des manches. Pour l'été, le caffetan de camelot ou d'étoffe de soie bordé de martre ou de lapin remplace la robe. Le vêtement de dessous est le doliman. L'étoffe est de couleur grise ou neutre ; il ne veut pas de couleur vive « que le soleil mange ». Il importe que l'étoffe soit bon marché, mais « ne se coupe pas ». On trouve quelquefois d'excellentes occasions dans « les rebuts de magasins ». Il faudrait chercher là. Cependant pour la bordure extérieure et apparente, la fourrure sera plus belle ; on mettra soit de la martre à 75 livres ou du petit-gris à 96 livres. C'est un tailleur arménien qui coupe l'étoffe, mais il serait bon de trouver un tailleur occidental qui copierait le patron pour s'en servir plus tard, à meilleur compte. Ce vêtement n'est pas pour satisfaire un goût de coquetterie, mais il le faut pourtant convenable et décent ; comme il ne veut plus le quitter, il importe qu'il puisse se présenter partout, fût-ce chez mylord maréchal ou à l'église. Il ne voudrait pas qu'on l'accusât d'aller au temple en robe de chambre; il n'y entra même en robe d'Arménien qu'après avoir reçu l'approbation de M. Montmollin, le pasteur.

Ce vêtement était noué aux reins par une ceinture dans le choix de laquelle Jean-Jacques mit toute sa coquetterie. On ne peut lui trouver d'étoffe assez élégante, ni assez « parante ». Il en eut plusieurs, tantôt en réseau de soie à mailles « comme les filets de pêcheurs », ou en serge de soie, tantôt en étoffe rayée. Il la faut longue de deux aunes et demie, dans toute la largeur de l'étoffe, car elle se plisse sur le corps. Un jour qu'on lui envoya une ceinture trop courte, cet homme économe s'emporta : il devait la tenir étendue avec des épingles, « ce qui la déchire ». Les deux extrémités de l'écharpe sont garnies d'une jolie frange large de quatre doigts « assortissante à la houpe de bonnet ».

Car il y a encore le bonnet, doublé de fourrure ou d'agneau de Tartarie en hiver, bordé seulement en été, l'intérieur garni en silésie ou en carcassonne. La toque est ornée d'un galon d'or et surmontée d'une houppe d'or. « Il faut qu'il n'ait pas l'air d'un bonnet de nuit » ; aussi doit-il, malgré sa répugnance, « se résoudre à porter du dor ». Il arrivait quelquefois que la fourrure trop épaisse rendait le bonnet trop étroit pour entrer sur sa tête : il prit la précaution d'enfermer dans sa lettre de commande un fil donnant la mesure de son tour de tête (27 mars 1763).

« Je l'ai prise entre les deux nœuds. » Y a-t-il rien de si plaisant que de se figurer le profond philosophe assis à sa table et s'entourant gravement le crâne avec un fil, pour que son chapelier lui envoie des bonnets à sa taille ?

Puisque nous décrivons l'extérieur de Jean Jacques de la tête aux pieds, ajoutons qu'il porte en hiver des « bas drappés » bien chauds, qu'il a chez lui des pantoufles jaunes, et qu'il ne les lui faut pas trop grandes. « J'ai le pied extrémement petit. » Il a la coquetterie des extrémités. Enfin quand il sort, il met des « bottines de maroquin » serrées avec des « lacets de soie jaune ». Voilà, pensons-nous, un inventaire complet de sa garde-robe.

Des lacets, Rousseau en reçoit et en demande

souvent, mais ce n'est pas toujours pour ses bottines de maroquin.

Il conte, dans les *Confessions*, qu'il s'avisa, pour ne pas vivre en sauvage, d'apprendre à faire des lacets. « Je portais mon coussin dans mes visites, ou j'allais, comme les femmes, travailler à ma porte et causer avec les passants. » Il faisait présent de ses ouvrages à ses jeunes amies, le jour de leur mariage, à la condition qu'elles connaîtraient l'*Émile*, et nourriraient elles-mêmes leurs enfants, « sans quoi, point de lacet ». Madame Boy de la Tour est souvent priée de lui envoyer à cet usage « de la soie de toutes couleurs ». Dans les commencements, elle ne saisit pas très bien ce qu'il veut, et nous comprenons son incertitude, vu l'originalité de la commission. Elle lui envoie de la soie plate ; il la lui retourne, il lui faut de la soie filée, de la soie à coudre, de la soie torse. Mais aussi imagine-t-on pareille idée du philosophe en quenouille aux pieds de Thérèse-Omphale ? Le meilleur de cette fantaisie fut de valoir à de jeunes mariées un curieux souvenir toujours accompagné d'une aimable lettre plus précieuse encore que le lacet. Mademoiselle d'Ivernois, la fille du procureur général de Neuchâtel, eut la primeur de cette inoffensive manie, avec un fort joli billet « qui a couru le monde » où le tresseur de soie disait : « Songez que porter un lacet tissu par la main qui traça les devoirs des mères, c'est s'engager à les remplir ». Ce lacet a, paraît-il, été pieusement gardé par la famille. On en a souvent donné de petits morceaux à des amis, à titre de reliques, mais il mesure encore un mètre quarante centimètres : il se passera quelque temps avant que les propriétaires se voient obligés de le remplacer.

C'est en tressant ces précieux lacets que le bon Jean-Jacques allait jaser et clabauder sur le pas de la porte avec les voisines.

Un trait de caractère, que ces lettres accusent et mettent en relief, c'est le goût de Rousseau pour les commérages, les petites histoires du quartier, de la rue et du voisinage, les disputes de porte à porte, les racontars que sa bavarde gouvernante lui rapportait, sachant flatter ses goûts. Ces querelles de clocher prenaient à ses yeux l'importance qu'il attachait à tout, et le mettaient souvent dans de mauvais pas, pour avoir mis le nez là où il n'avait que faire. On s'en douterait, et on pouvait aisément le prédire, à le voir emporter ses lacets pour aller jaser et voisiner aux alentours, ce qui est le pire fléau de la tranquillité domestique. La brouille suit toujours ces amitiés que créent la proximité des demeures et la promiscuité des après-midi désœuvrés.

Reçu à son arrivée par la belle-sœur de madame Boy, qui l'héberga dans les premiers temps, il fréquentait beaucoup chez elle ; les deux maisons se touchaient : cinq mois après, en novembre, les voilà brouillés à mort et il désire qu'il ne soit plus question d'eux ; il écrit à madame Boy : « Je vous prie que nous en restions là sur ce point » ; il ne veut rien garder qui soit à eux, et M. Girardier fait reprendre tous les meubles qu'il lui avait prêtés. Qui fut coupable ? Les torts furent peut-être bien du côté des Girardier, car Jean-Jacques conte, dans ses *Confessions*, que sa maison, avant son installation, était très commode à madame Girardier ; celle-ci ne le vit pas arriver sans un certain déplaisir : *inde iræ*, sans doute. En tout cas, quand M. Girardier tomba malade au point d'en mourir, trois mois après la brouille (février 1763), Jean-Jacques oublia ses griefs et envoya Thérèse le soigner et le veiller.

Rousseau, l'insociable, devait avoir le commerce difficile et les relations anguleuses. Dès le mois de mai 1763, il a assez de Motiers et de ses habitants, il voudrait s'en aller : « On ne m'aime pas »; les gens lui font la mine de prendre « des airs de protecteurs et de juges »; il s'en réjouit rageusement, car leur malveillance le dispense de les voir. « Leurs honnêtetés m'avaient subjugué; leurs impertinences me dégagent. » L'idée fixe de la persécution le mine et fait son œuvre; Thérèse favorise ce travail intérieur, et nourrit de ses rapports la bile de son maître. Il est à présumer qu'on plaisantait la vieille gouvernante sur ses relations avec Rousseau. Madame Boy faisait bâtir sur la montagne une maison d'été qu'elle destinait à son ami Jean-Jacques. Les mauvaises langues de Motiers jasèrent et interprétèrent ce projet de villégiature avec toute la malice que comportait la situation. Il fut avéré que cette retraite était pour dissimuler une grossesse et favoriser un accouchement clandestin.

« Ma très bonne amie, je ne vaux plus rien ni pour les autres ni pour moi; je ne suis plus bon qu'à souffrir, me plaindre et rabâcher; un tel commerce n'est qu'importun pour les autres et c'est par discrétion que je ne le rends pas plus assidu. Je me préparais à me transplanter à votre montagne avec autant de plaisir que vous en avez eu à la faire accommoder ; mais ni mon état présent ne le permet, ni quand il le permettrait je ne le pourrais faire, vu l'étrange pays où je vis, sans compromettre l'honneur de la personne qui prend soin de moi. Sitôt que j'ai bien connu le naturel des gens du lieu, je n'ai plus voulu qu'elle les vît, et cette retraite, jointe au projet d'aller habiter la montagne, leur a fait supposer aussi charitablement que sensément que j'avais des raisons pour la cacher. Leurs regards curieux, leurs brutales double-ententes et leurs sottes chuchoteries m'ont bientôt fait deviner de quoi il s'agissait ; sur quoi j'ai pris le parti de rester au milieu de Motiers jusqu'à ce qu'il plaise à la providence de me tirer tout à fait de manière ou d'autre du milieu de leurs langues empoisonnées qui distillent plus de venin que celles de tous les serpens de l'Afrique. » (Motiers, 14 août 1763.)

Jean-Jacques se fâcha tout rouge, et en vérité on se demande pourquoi. Quand il écrit : « leurs langues empoisonnées distillent plus de venin que celles de tous les serpens de l'Afrique » on comprend mal cette protestation indignée qui tendrait à refaire ou à protéger de la médisance une virginité trop sérieusement compromise. Lorsqu'il refuse enfin l'habitation de la montagne par le souci « de ne pas compromettre l'honneur de la personne qui prend soin de moi », on ne sait trop qui est dupe, ou madame Boy de Jean-Jacques, ou Jean-Jacques de lui-même.

Le moment eut été bien choisi pour rappeler à Rousseau la répartie de Sophie Arnould à une amie qui déclarait : « Je mets mon honneur sous la garde du roi ». « Ma chère, reprit l'endiablée actrice, là où il n'y a rien, le roi perd ses droits. »

Moins d'un an après son installation voilà où en est le philosophe. « Je regarde Motiers comme le séjour le plus vil et le plus venimeux qu'on puisse habiter. » Le jugement est sévère, mais peut-être injuste si l'on songe qu'il va désormais servir à tous les milieux où Jean-Jacques tentera de vivre en société. La solitude était son seul asile.

Les premiers ennuis graves furent suscités par une affaire de mur mitoyen, ou quelque chose d'approchant. La lettre du 29 avril 1764 commence avec des airs de mystère et des précautions faites pour intriguer les esprits les plus indifférents : « Ne montrez cette lettre, s'il vous plaît, à personne !... Quelqu'un qui ne veut pas être nommé vient de me donner un avis..... » Qu'est-ce, grand Dieu! Cette prudence, cette personne masquée, ces confidences chuchotées, ces manières ténébreuses inconnues depuis le Conseil des Dix, présagent assurément quelque secret d'État. En effet, c'est que M. du Terreaux, maire des Verrières, fait bâtir contre la maison Boy, et que sa bâtisse prenant sur la largeur du chemin « rendra le contour plus difficile aux voitures pour entrer dans votre grange ». Voyez un peu l'affaire de conséquence! — Or comme M. du Terreaux ne peut bâtir qu'avec l'aveu de la communauté, il faut prévenir ses démarches et lui interdire ses travaux. Cet avis discret et presque anonyme fit beaucoup de bruit au village; les communiers se dérangèrent pour venir examiner la place, on sut que l'instigateur de ces mesures préventives était Jean-Jacques; on désapprouva sa conduite tortueuse, et il y gagna qu'une partie de la population ne le salua plus.

Ce sont des menus faits de ce genre qui l'acheminèrent à la catastrophe finale. Les clabauderies de Thérèse n'y furent peut-être pas tout à fait étrangères. Du moins Rousseau, dans son aveuglement, n'en soupçonna rien.

Ses lettres constatent l'étroitesse des liens dans lesquels Thérèse le sut enserrer. Il y est sans cesse question d'elle; dans chaque missive, une petite phrase rappelle qu'elle existe; elle ne manque pas une occasion d'envoyer son souvenir et ses respects à l'amie de son amant; on la voit, pour ainsi dire, à distance, penchée sur le bureau où Jean-Jacques termine sa lettre, réclamant un mot pour elle afin d'affirmer son existence et de se rehausser à ses propres yeux par cette intimité flatteuse avec une grande et honnête dame. C'est elle qui lui rapporte les malins propos tenus par les commères de Motiers sur leur liaison compromettante; à la douleur et à l'exaspération de Rousseau refusant de quitter Motiers parce qu'on croit Thérèse enceinte, il semble qu'on entende les amères récriminations de l'ancienne servante déchargeant ses rancunes dans le sein de son faible amant et les lui faisant épouser, l'excitant de sa propre haine, alimentant son imbécile passion raffermie par le récit de persécutions imaginaires peut-être, exploitant à son profit, par le plus sordide calcul, le trésor de bonté et de pitié qu'elle lui connaît, et bénéficiant à chaque nouvelle scène d'un accroissement d'amour, d'un cadeau consolateur, voire même d'un testament en faveur « de cette pauvre fille qui soigne depuis si longtemps ma misérable machine ! » (14 août 1763.)

Le débile vieillard tremble de la laisser « seule et sans protection dans un pays si éloigné du sien ». Dans les recommandations qu'il fait pour elle à ses amis, on reconnaît les habiles conseils et les utiles précautions que la mégère lui faisait prendre, y compris « le billet endossé en son nom » pour recueillir la fortune du pauvre homme en cas de contestation.

« Je ne veux pas trop creuser dans l'avenir, ma très bonne amie, mais mon état empire tellement depuis quelque temps qu'il ne serait guère étonnant que cet hiver je fusse délivré de mes souffrances et en ce cas-là jugez de la douleur que j'aurais de laisser ici cette pauvre fille qui soigne depuis si longtemps ma misérable machine, seule et sans protection dans un pays si éloigné du sien. Si nous étions à Yverdun je serais bien tranquille, mais ici au moment où j'aurai les yeux fermés on la dépouillera de tout. J'ai fait un testament, mais puis-je espérer qu'on y aura le moindre égard ? Quelque défaut de formalité le fera annuler et on ne la laissera pas même profiter de mes guenilles... J'espère qu'au nom de notre ancienne amitié vous la protégerez en tout ce qui dépendra de vous et que vous ne souffrirez pas que ce qui est dans les mains de messieurs vos fils passe à d'autres qu'à elle. En cas d'accident je lui remettrai le billet endossé à son nom... J'avais besoin pour être tranquille de vous prévenir là-dessus, et maintenant je le suis parfaitement. » (Motiers, 14 août 1763.)

On connaît la cérémonie aussi touchante que burlesque où Jean-Jacques unit sa destinée à celle de sa gouvernante à la face de la nature, par un mariage illégitime qui consacrait une illégalité devant le maire lui-même de Bourgoin, invité en ami à cette séance.

Cet événement laissa-t-il au fond du cœur de Jean-Jacques une certaine gêne, un certain malaise? En tout cas il ne s'y arrête guère dans ses lettres, il informe en passant ses amis de la résolution qu'il a prise, et il leur fait part de son mariage en des termes qui sentent la formule et le cliché plus qu'ils ne constatent le ravissement d'un récent époux.

Il écrit le 2 septembre à M. Boy le fils :

« Madame de Lessert aura pu vous dire que mademoiselle Renou est devenue ma sœur Sara et que je suis son frère Abraham. Si tous les mariages commençaient ainsi par un attachement de vingt-cinq ans confirmé par l'estime, ne pensez-vous pas qu'ils seraient généralement plus unis ? » (Bourgoin, 2 septembre 1768.)

La même rédaction lui sert, le 5 septembre, pour aviser de la nouvelle madame Boy : « Notre jolie nourrice vous aura marqué que la compagne de mon sort et de mes malheurs n'ayant voulu m'abandonner en aucune circonstance, j'ai cru lui devoir de faire que puisqu'elle était déterminée à suivre en tout et par tout ma destinée, elle pût la suivre avec honneur. Si vingt-cinq ans d'attachement et d'estime précédaient tous les mariages il est à croire qu'ils en seraient généralement plus heureux. » (Bourgoin, 5 septembre 1768.)

On ne sent pas précisément dans ce simple avis un homme fier et heureux de lui. Il avait déjà trop endommagé sa lune de miel pour qu'elle pût lui réserver la moindre surprise. La scène de la Fontaine d'Or n'apportait qu'une singularité de plus à l'actif de Rousseau. Il n'aima Thérèse ni plus ni moins et lui continua une affection qui intéressait à sa compagne des personnes dont elle ne méritait pas même l'attention.

Quand la fille de madame Boy, l'aimable Madelon, lui fit cadeau d'une robe, les remerciements de Jean-Jacques sont aussi gauches qu'humiliants : « Ma pauvre petite femme vous embrasse en pleurant d'aise du bien que vous lui avez fait et à moi par votre visite. Sa robe est très belle, si belle que quand elle l'aura ce sera madame et ce ne sera plus ma femme. » (Bourgoin, 14 novembre 1768.)

Ce ménage douteux, qui n'a même pas pour le rehausser les apparences gracieuses de la jeunesse, de l'amour, de la gaieté et du bonheur à deux, laisse l'impression pénible et sombre d'un intérieur maussade habité par un vieillard souffrant et plaintif aux soins d'une gouvernante intéressée et perfide. C'est dans toute sa honteuse et triste monotonie le faux ménage du vieux célibataire entre les griffes crochues de sa cupide servante.

Tels sont le ton et le caractère de cette correspondance d'un ton très neuf et d'une originalité piquante. C'est Rousseau intime clouant des gravures, empruntant un moulin à café, faisant avec une bêche un chemin dans la neige à travers son jardinet, chaussant des « souliers de paille comme les employés des grands magasins de Lyon » pour se garantir du froid, ou se prenant de querelle au cabaret.

« Voici une petite anecdote qui pourra vous amuser. M. Bovier fils, depuis mon départ de Grenoble, y a déterré un garçon chamoiseur nommé Thévenin qui prétend avoir prêté ou donné en Suisse dans un cabaret neuf francs à un nommé J.-J. R. qu'on dit être de votre connaissance. Ledit J.-J. R. ne convient pas du fait et prétend que ledit Thévenin est un imposteur ; on dit même qu'il le prouve ; mais ledit Thévenin paraît si bon homme, a l'air si bénin et d'ailleurs est si bien protégé que le public de Grenoble, tout à fait bien disposé pour lui, voudrait fort le favoriser aux dépends de l'autre et faire en sorte que ce fût ledit J.-J. R. qui fût le fripon. Malheureusement, par des informations faites sur les lieux, il se trouve que ledit bonhomme de Thévenin a eu ci-devant l'honneur d'être condamné par arrêt du Parlement de Paris à être fouetté, marqué et envoyé aux galères pour fabrication de faux actes ; mais comme en revanche ledit J.-J. R. a aussi été décrété, ce qui est quasi la même chose, on espère encore que les choses pourront s'arranger à la satisfaction de ce pauvre Thévenin. Il est tout simple que le préjugé public soit en sa faveur parce qu'on sait que sa coutume est de prêter ainsi de l'argent en passant à tout le monde, même aux gens qu'il ne connaît point du tout, et que le dit J.-J.-R. est connu pour un coureur de cabarets qui va piquant à droite et à gauche quelques écus dans la poche des quidams assez sots pour lui en prêter. » (Bourgoin, 21 septembre 1768.)

Le récit est joli et montre que Jean-Jacques sait quand il veut manier habilement l'ironie. Mais elle tourne aussitôt à l'amertume et à l'aigreur. Un déni de justice échauffe et bouleverse sa bile, et il retrouve les mêmes accents que son aîné, l'Alceste de Molière : « Sur les preuves de l'imposture dudit Thévenin, M. le comte de Tonnerre m'a fait enfin réponse, non pas qu'il lui ferait avouer son imposture, mais au contraire qu'il lui imposerait silence. Sur ce pied-là si Thévenin m'eût volé ma bourse, au lieu de l'obliger à la rendre, on lui ordonnerait de ne me plus voler... Pour le coup je ne serai plus leur dupe, et sûr de n'obtenir aucune justice, je ne m'abaisserai plus à la demander. » Il n'eut pas cette peine, car Thévenin fut condamné aux galères.

Jean-Jacques nous tient ainsi au courant de toutes les menues péripéties de sa vie au jour le jour, — vie prosaïque et mesquine d'un vieillard quinteux qui vit dans son fauteuil de bois, son agenda de dépenses ouvert sur ses genoux, tandis que sa gouvernante essuie les meubles et repasse le linge.

Si la réputation de l'écrivain n'a rien à gagner à cette exhumation, elle ne perdra rien, car certaines lettres sont fort jolies, pleines d'esprit et de délicatesse. Les négligences sont rares; il y a peu de trivialités, malgré la familiarité de la correspondance et l'humilité des sujets. La plupart sont recopiées sur un brouillon préalable, on le sent à la fermeté du style et de l'écriture.

Il y a bien de la tendresse dans l'expression de ses sentiments affectueux pour le « vieux papa » Roguin, pour sa douce et bienfaisante amie madame Boy de la Tour, pour ses filles Julie et surtout Madelon, « la gentille sauteuse », à laquelle il a voué une prédilection toute particulière et qui lui inspire les plus amusantes plaisanteries.

Il atteint à l'éloquence quand vient le surprendre la nouvelle de la mort de M. Roguin : « Mon respectable ami M. Roguin a cessé de souffrir. Il jouit maintenant du prix de ses vertus, car j'ai toujours pensé que les hommes seront jugés sur ce qu'ils ont fait bien plus que sur ce qu'ils ont cru, et sa récompense est bien sûre, quoiqu'il n'ait pas eu le bonheur d'en jouir d'avance en l'espérant. Une idée encore m'est consolante dans ma douleur. C'est de penser que l'adresse et l'imposture ne déguisent plus à ses yeux la vérité des choses, et que s'il pense à son ami infortuné il rend justice à ses sentiments, à ses principes et au sincère et pur attachement qu'il eut pour lui. Affecté de cette perte et par elle-même et par tout ce qui me la rend irréparable, je me vois mourir par degré dans tout ce qui donne un prix à la vie, et destiné, si je vis longtemps encore, à ne rester sur la terre que pour m'y pleurer tout vivant. Car c'en est fait, les nouveaux attachements ne sont plus de mon âge, encore moins de ma situation, et ce coup laisse dans mon cœur un nouveau vide, il ne sera plus rempli. Il faut finir cette triste lettre, je m'efforcerais en vain d'y prendre un ton moins plaintif.

La perte de M. Roguin me rappelle avec force les temps heureux de notre connaissance. Combien il fallait peu pour mon bonheur! Hélas! que dis-je? il aurait fallu beaucoup : C'eût été de ne connoître que des gens qui lui ressemblassent. Mon vertueux ami, vous êtes allé m'attendre. Ils auront beau faire. Nous nous rejoindrons en dépit d'eux. » (20 juillet 1771).

Si madame Boy de la Tour eut pour lui mille bontés, il est juste de le reconnaître, Jean Jacques conserva pour elle jusqu'à la fin les sentiments d'une inaltérable amitié qui ne connut ni les froideurs ni les nuages. Il garda pour elle la même tendresse et le temps ne fit que l'accroître : rare exemple dans l'existence de Rousseau, d'une amitié qui triompha de son humeur chagrine et de ses caprices. Au bout de dix ans, bien qu'éloigné d'elle, il ne se montrait ni moins dévoué ni moins affectueux. Il s'excuse de ses négligences avec une sincérité touchante, et il se les fait pardonner :

« Depuis six mois le travail étant venu avec abondance ce qu'il n'avait pas encore fait, j'ai cru devoir m'y livrer tout entier et j'ai passé l'hiver cloué sur ma chaise avec une telle assiduité que, de peur de rebuter les pratiques, je ne me suis permis aucune distraction... Fatigué de tenir la plume je la quittais pour faire quelques tours de chambre, parlant souvent de vous. » (Paris, 16 avril 1772.)

Six moix après, madame Boy eut un accident au pied, et il s'en montre fort affecté. Ses recommandations sont d'un fidèle et prévoyant ami. « Enfin, vous voilà bien rétablie de tout point et je vous exhorte ardemment à garder toujours le souvenir de tant de rechutes de toute espèce pour vous en garantir désormais par la plus scrupuleuse attention sur vous-même tant à table qu'à la promenade. Évitez soigneusement les lieux raboteux, ne vous promenez qu'appuyée sur quelqu'un et ne vous fatiguez jamais trop. » (22 octobre 1772, Paris.)

C'est par ces instants d'affectueuse sollicitude qu'il se faisait pardonner ses inégalités d'humeur, dont il convient lui-même avec une bonhomnie un peu bourrue mais sympathique. « Vous nous avez envoyé aussi d'excellents marrons dont je vous aurais remercié plus tôt, si la voie de la poste ne m'était fermée, de quoi sans vous je me soucierais peu. Vous avez trop de bonté d'entrer en explication avec moi sur mes maussades gronderies ; c'est assez de les pardonner et de sentir, comme je m'en flatte, que mon ton dur quelquefois vaut bien dans le sentiment qui l'inspire un langage plus cajoleur. » (28 décembre 1770.)

L'amitié de madame Boy de la Tour fut assurément une grande consolation pour lui pendant ces dix années d'exil, de proscription et d'exode. Il fallait replacer en lumière cette figure aimable et compatissante que les historiens de Rousseau ont jusqu'à présent laissée dans l'ombre, faute d'informations suffisantes. Elle a été l'amie la plus dévouée, la consolatrice, la bienfaitrice infatigable du misérable proscrit. Elle mérite une place à part à côté des grandes amies de Jean-Jacques, madame de Verdelin ou la maréchale de Luxembourg. Nous ne nommerons pas ici madame de Warens. La pauvre *maman* mourut l'année, le mois même où Jean-Jacques s'installait dans la maison de sa nouvelle amie, qu'il allait aussi appeler de ce nom familier et affectueux. Maman était remplacée : mais c'était cette fois l'affection reposée, calmée et pure d'un vieillard pour une âme bienfaisante. Dans ses lettres il ne parle pas une seule fois de sa première maman : pudeur touchante et discrète qui laissait à la seconde l'intégrité de son dévouement.

Cette intimité si étroite, si confiante, répand sur toute cette période de la vie de Jean-Jacques une douce sérénité. Son amie, qui fut sa confidente, fut aussi son refuge aux heures d'angoisse. Toute cette famille lui procura les joies les plus consolantes de l'intérêt et de l'affection. Il convenait de faire revivre ces gracieuses amies, sans lesquelles la vie de Jean-Jacques serait incomplètement connue. Négliger de placer à ses côtés madame Boy de la Tour, son oncle M. Roguin, ses filles Julie et surtout Madeleine, c'est montrer Rousseau dans un isolement qui devient une erreur historique.

On considère volontiers que l'exode à Motiers et à Bourgoin fut une des plus rudes épreuves qu'il eut à supporter. Mais quand on sait de quelles précieuses amitiés il fut entouré, quand on ajoute aux bienveillantes assiduités des d'Ivernois, des de Luze, des de Pury, des d'Escherny, l'aimable commerce qu'il ne cessa d'entretenir avec ses tendres amies de Lyon, on est aisément tenté de le plaindre moins, et d'envisager avec moins de compassion un sort qui fut très supportable. En dépit de ses lamentations Jean-Jacques fut rarement aussi tranquille et aussi choyé. S'il ne fut pas parfaitement heureux, la faute n'en fut assurément pas aux autres. Il nous livrait lui-même la cause de son infortune quand il écrivait à madame Boy, de Motiers, le 27 janvier 1763 : « Il est bien difficile de rencontrer le bonheur nulle part, quand on ne le porte pas avec soi. »

LÉO CLARETIE.

Portrait de M.me Boy de la Tour
d'après un pastel
appartenant a M. le baron Delessert.

LETTRES INÉDITES

DE

JEAN-JACQUES ROUSSEAU

I

A Madame

Madame Boy de la Tour, à Yverdun[1].

Motiers [2] 18 Juillet 1762.

Je voudrois, Madame, que vous vissiez l'empressement avec lequel je m'établis dans vôtre

---

1. Ville de Suisse (Vaud), dans une île de la Thièle, à l'embouchure de cette rivière dans le lac de Neuchâtel, à 28 kilomètres au nord-ouest de Lausanne. C'est là que Felice établit sa typographie au xviiie siècle, et Pestalozzi son institut en 1805.
2. Village de Suisse, dans le Val de Travers, à 22 kilomètres sud-ouest de Neuchâtel.

La maison appartenait au fils de madame Boy. C'est là qu'en 1657 M. de Sully, capitaine du Val de Travers, avait

maison ; vous jugeriez par-là du plaisir que j'ai de tenir de vous mon habitation d'occuper vôtre demeure, de penser à vous en me levant,

reçu le prince Henri II de Longueville dans un de ses voyages à Neuchâtel. (Cf. L. de Meuron, *Descr. du Val de Travers*, 1830). Elle n'existe plus qu'en partie. « Tout le devant de la rue, dit M. F. Berthoud, a été reconstruit vers 1840 ; elle a perdu ainsi non seulement son intérêt historique, mais sa physionomie vénérable où l'art ne manquait pas, ni le goût. On en peut juger par les belles fenêtres, élégantes et curieuses qui restent encore dans la partie conservée et qui étaient reproduites sur la façade, comme on le sait par des témoignages sûrs. Nous avons donc pu les rétablir et les placer avec une parfaite certitude. La chambre de Rousseau, chambre à coucher et de travail, n'a pas été changée ; elle est petite, mal éclairée, tournée au nord, sans autre vue que la cour étroite et triste de la maison voisine ; c'est là qu'on voyait encore, il y a peu d'années, la planche attachée au mur, en pupitre, sur laquelle il écrivait debout.

» La cuisine est à côté ainsi qu'une petite chambre, celle de Thérèse probablement. Ces deux pièces donnent sur la galerie. Lorsque Rousseau voulait éviter des visiteurs importuns et s'échapper, ce qui fut toujours une de ses préoccupations, il trouvait, au bout de la galerie, un escalier qui le conduisait à la grange, et de là dans les champs.

» Deux grandes pièces, au soleil levant, sur la Grand'Rue, complétaient le logement de Rousseau, avec tout le rez-de-chaussée pour entrée, caves et dépendances, sauf un petit logement occupé par un *vieux bonhomme*. On voit qu'il ne lui manquait rien. »

en me couchant, durant la journée, et de ne rien voir qui ne m'offre des témoignages de vôtre amitié. J'ignore encore s'il me sera permis d'en profiter longtems, cela dépend des ordres du Roy[1], mais ce que je sais c'est que je n'oublierai de mes jours ce que vous avez fait pour moi dans cette occasion, ce que nôtre connaissance quoique faite si rapidement[2] a laissé dans mon cœur des impressions inefaçables.

Madame et Mademoiselle Girardier[3] portent

---

1. Le roi de Prusse. Motiers était dans le comté de Neuchâtel qui était dans les États du roi de Prusse. Jean-Jacques ne savait si Frédéric II ne l'inquiéterait pas. Il se souvenait d'une estampe, représentant le roi, qui ornait son donjon à Montmorency. Il avait écrit au bas ce vers :

> Il pense en philosophe et se conduit en roi.

Le chevalier de Lorenzy l'avait copié et donné à d'Alembert, qui avait pu le montrer à Frédéric. En outre, Frédéric s'était pu aisément reconnaitre dans Adraste, roi des Dauniens, dans l'*Émile*.

2. A Yverdun, où il s'arrêta chez M. Roguin, quand il se fut enfui de chez M. de Luxembourg, décrété de prise de corps à cause de l'*Émile*.

3. Madame Girardier est la belle-sœur de madame Boy de

aussi loin pour moi les attentions et les soins que Monsieur le Major les façons et les complimens. Je crois que c'est assez dire. Mad^e Girardier, très sensible à vôtre invitation, auroit grande envie d'en profiter; mais elle craint cette grande corvée pour vous et pour vos enfans durant ces chaleurs. D'ailleurs, voici la récolte; les affaires et son mari la commandent, et je vois que c'est à regret qu'elle ne fait pas là-dessus ce qu'elle voudroit bien. L'espoir de l'accompagner m'a fait animer sa bonne volonté par quelques mots d'encouragement dont elle n'avoit pas besoin, mais que j'ai cessés les voyant inutiles. Elle vouloit vous écrire ses raisons et ses regrets; je me suis chargé de ce soin, et je m'en acquite. Que ne devrois-je point vous dire, Madame, non seulement pour vous, mais pour ces trois bienfaisantes sœurs qui à l'exemple de leur Oncle

la Tour. La maison que Jean-Jacques allait occuper « lui était très commode »; elle ne vit pas sans déplaisir arriver le nouveau locataire.

bien-aimé[1] et pour lui plaire ont tout fait pour cet ingrat qui se plaignoit alors d'être trop heureux, et se plaint maintenant du bonheur qu'il a perdu. Mais ne dois-je rien en particulier à celle dont les yeux honorèrent mon départ de quelques larmes que je ressens dans mon cœur. Les soins des deux autres sont d'un prix inestimable et leur zèle obligeant m'a pénétré de reconnaissance, mais Marthe a choisi la meilleure part. Et cette aimable sauteuse[2] qui va faire trois sauts même en écoutant ceci, ne lui rendrons-nous point quelque hommage à cette jolie grand-maman qui me disoit petit-fils comme à son serin ; ne lui donnerons-nous point quelque coup de bec ? Savez-vous bien que je ne finis plus de m'attiffer depuis que j'ai une pelotte fée qui me fournit

---

1. M. Roguin « mon bon vieux ami qui s'était retiré à Yverdun depuis quelques années et qui m'avait invité à l'y aller voir. » (*Conf.* II, IX.) Jean-Jacques l'appelle *bon papa.* — Voyez *Briefwechsel J.-J. Rousseau mit Leonard Usteri in Zürich und Daniel Roguin in Yverdon* (Zurich, 1886).

2. Madelon, fille de madame Boy.

incessamment d'épingle sans s'épuiser? De
grace, bonne Maman, permettez-moi de baiser
quelquefois cette jolie pelotte, mes jours de
barbe, en mémoire d'un meilleur tems. Bon
jour Madame, mon papier à sa fin m'avertit
qu'il est tems de cesser d'extravaguer. Dites,
je vous supplie, à Monsieur vôtre frère, combien
j'ai de regret d'avoir été privé sitot du bonheur
de vivre avec lui, faites aggréer mes respects
à Madame son épouse, et recevez avec les
miens, les sentimens les plus vrais et les plus
tendres d'un cœur qui vous aimera toujours.

ROUSSEAU.

II

A Madame
Madame Boy de la Tour, chez M. D. Roguin,
à Yverdun.

Motiers, 30 Août 1762.

Il est donc bien sur, trés honorée Dame,
(car un concierge doit parler à sa Dame avec

le respect convenable) que vous ne vous sentiez point incomodée de vôtre chute. Je m'en rejouis de tout mon cœur, et en vérité il ne seroit pas juste qu'un voyage qui me laisse tant de souvenirs agréables vous en laissât de douloureux. Mais qu'est-ce donc, de grace, que ces réflexions que vous dites avoir faites sur le séjour de vôtre maison[1]? il faut necessairement que quelqu'un vous ait donné des inquietudes mal fondées. Je suis charmé d'être chez vous, vôtre maison m'est trés agréable, je ne songe point à la quiter, et quand il y auroit quelques entours qui seroient peut être mieux autrement, ce sont des bagatelles auxquelles vous ne pouvez rien, et il n'y a point de situation dans la vie où il ne reste quelque chose à désirer.

J'ai reçeu ce matin ma malle en assez bon

---

[1]. Elle lui a écrit le 23 août : « Depuis vous j'ai fait bien des réflexions et crains que vous ne voyez pas aussi bien dans ma maison que je le souhaiterois. De grace, cher ami, dites moi si je puis remédier à quelque chose. »

état et une lettre de Madame de Luze des bontés de laquelle je suis comblé. Partout ailleurs qu'à Neufchâtel je l'irois voir avec empressement, mais on s'est dépéché de faire en cette ville à mon livre sans le connoitre un accueil qui n'est pas attirant pour l'auteur [1], et

[1]. « Pourquoi n'allois-je point à Neuchâtel? C'est un enfantillage qu'il ne faut pas faire.
» Quoique protégé par le Roi de Prusse et par milord maréchal, si j'évitai d'abord la persécution dans mon asile, je n'évitai pas du moins les murmures du public, des magistrats municipaux, des ministres. Après le branle donné par la France, il n'etoit pas du bon air de ne pas me faire au moins quelque insulte : on auroit eu peur de paroitre improuver mes persécuteurs en ne les imitant pas. La classe de Neuchâtel, c'est à dire la compagnie des ministres de cette ville, donna le branle, en tentant d'émouvoir contre moi le conseil d'État.
» Cette tentative n'ayant pas réussi, les ministres s'adressèrent au magistrat municipal, qui fit aussitôt défendre mon livre, et, me traitant en toute occasion peu honnêtement, faisoit comprendre et disoit même que, si j'avois voulu m'y établir dans la ville, on ne m'y auroit pas souffert. Ils remplirent leur *Mercure* d'inepties, et du plus plat cafardage, qui, tout en faisant rire les gens sensés, ne laissoient pas d'échauffer le peuple et de l'animer contre moi. Tout cela n'empèchoit pas qu'à les entendre je ne dusse être très reconnoissant de l'extrême grâce qu'ils me faisoient

je suis médiocrement curieux de connoitre des gens si pressés d'imiter les sotises de leurs voisins.

Je me prévaus, trés honorée Dame, des offres obligeantes que vous m'avez faites, et je vous envoye ci-joint une robbe et deux bonnets que je vous supplie de vouloir s'il est possible envoyer à Lyon pour être fourrés avant l'hyver. Je voudrois pour la robbe quelque fourrure fort commune, souhaittant seulement qu'on mette à la bordure aux fentes et aux poches quelques filets un peu honnêtes, comme fausse

de me laisser vivre à Motiers, où ils n'avaient aucune autorité ; ils m'auroient volontiers mesuré l'air à la pinte, à condition que je l'eusse payé bien cher. Ils vouloient que je leur fusse obligé de la protection que le roi m'accordoit malgré eux, et qu'ils travailloient sans relâche à m'ôter. Enfin, n'y pouvant réussir, après m'avoir fait tout le tort qu'ils purent et m'avoir décrié de tout leur pouvoir, ils se firent un mérite de leur impuissance, en me faisant valoir la bonté qu'ils avoient de me souffrir dans leur pays. J'aurois dû leur rire au nez pour toute réponse. Je fus assez bête pour me piquer, et j'eus l'ineptie de ne vouloir point aller à Neuchâtel, résolutions que je tins près de deux ans. »

(*Confessions*.)

martre ou petit gris. Le bonnet de Bouracan sera fourré comme la bordure de la robe, et l'autre de quelque autre maniére à volonté. Si cette dépense montoit fort haut il seroit bon de m'en prévenir avant que de passer outre[1].

Pardon, nôtre Dame, mais vous l'avez voulu; je ne crois pas pouvoir vous déplaire en vous obéissant.

Quoique je n'écrive pas directement au trés bon Papa, je pense que c'est la même chose et qu'il ne dédaignera pas malgré cela de me donner un mot de ses nouvelles, des vôtres, de celles de toute la famille, surtout du trés cher Colonel à qui mon cœur addresse mille choses, de même qu'à tout ce qui l'intéresse et vous aussi. Bonjour, trés honorée Dame, recevez les devoirs de vôtre dévoué concierge, qui voudroit bien être à portée de baiser le bas de la robe de sa Dame et maitresse et même le falbala de

---

[1]. Les fonds de Rousseau étaient déposés chez MM. Boy de la Tour. C'était une garantie pour les règlements de ses nombreuses commandes.

sa grave tante, pourvu que ce ne fut pas au retour de la promenade du marais.

III

[Franco Pontarlier]

A Madame

Madame Boy de la Tour, née Roguin, à Lyon.

A Motiers, le 9 8bre 1762.

Votre lettre, Madame, m'a fait d'autant plus de plaisir que j'attendois avec impatience des nouvelles de vôtre heureuse arrivée à Lyon; grace au Ciel vous y voilà en bonne santé, que n'en puis-je dire autant de cette aimable Julie sur l'état de laquelle votre lettre m'inquiete et m'effraye; j'espère, cependant, que pour se faire valoir, quelque médecin vous aura mis la chose au pis[1], et que cette chére enfant vous

---

1. Voilà qui nous renseigne sur l'opinion que Jean-Jacques avait des médecins.

sera conservée avec moins de risque que n'en prévoit vôtre sollicitude maternelle. Vous avez dû laisser ma grand maman à Rolle, mais pourquoi rien de la belle dormeuse; oublie-t-elle si vite ses anciens amis? Il lui est bien aisé, sans doute, d'en trouver d'autres, mais non pas qui l'estiment plus que moi.

A peine êtes-vous arrivée que voilà toutes mes commissions en train. Soit fait; puisque vous êtes si bonne, il faut bien un peu en abuser; c'est un droit que j'ai usurpé sur toute vôtre famille et que je ne laisserai pas éteindre avec vous. Pour la fourrure de la robbe de Bouracan, je préférerois la façon de martre n° 1 à 75 l. Mais j'ai peur que cette fausse martre ne dure pas; c'est pourquoi je ne sais s'il ne vaudrait pas mieux sacrifier une vingtaine de livres de plus, et choisir le petit gris n° 2 à 96 l. qui, je crois, seroit plus léger et dureroit beaucoup plus. Je vous supplie de juger de cela et de faire pour le mieux.

Outre la ceinture que vous avez la bonté de

FAC-SIMILÉ D'UN FRAGMENT DE LETTRE DE J.-J. ROUSSEAU.

ne vingtaine de livres de plus, ee choisir le petit-gris n° 2. à 96ᵗᵗ qui, je crois, seroit plus léger ee serviroit beaucoup plus. Je vous supplie de juger de cela, ee de faire pour le mieux.

Outre la ceinture que vous avez la bonté de me faire faire, je serois bien aise d'en avoir une autre, de ces ceintures rayées dont vous me parlez. J'ai vû chez Milord Mareschal un arménien qui en a de pareilles, ee je trouve qu'elles font fort bien.

Je laisse la garniture des bonnets à vôtre choix ou à celui du fourreur, pourvû que les deux fourures soient jolies, légéres, ee différentes.

La réflexion que vous m'avez faite qu'on ne sauva pas conduire ici la bordure à ma robe de dessous me fait prendre le parti de me passer de cette bordure; Une autre année je pourrois vous envoyer une de ces robes, ee si vous aviez la bonté d'en faire faire une semblable, vous pourriez en même tems la faire border par le fourreur.

De tous les échantillons de camelots que vous m'avez envoyés; je préférerois celui que je vous renvoye, laissant pourtant toujours le tout à vôtre choix. Les devants doivent être doublés de taffetas ou de fine toile grise. Voilà tout, à ce que je crois. Je ne serai pas fâché d'avoir cet envoi le plustôt qu'il se pourra sans vous donner trop d'importunité: car le froid commence d'être ici fort

me faire faire, je serois bien aise d'en avoir une autre, de ces ceintures rayées dont vous me parlez. J'ai vû chez Milord Mareschal un Arménien[1] qui en a de pareilles, et je trouve qu'elles font fort bien.

Je laisse la garniture des bonnets à vôtre

---

[1]. Peu de temps après mon établissement à Motier-Travers, ayant toutes les assurances possibles qu'on m'y laisserait tranquille, je pris l'habit arménien. Ce n'était pas une idée nouvelle ; elle m'étoit venue diverses fois dans le cours de ma vie, et elle me revint souvent à Montmorency, où le fréquent usage des sondes, me condamnant souvent à rester dans ma chambre, me fit mieux sentir tous les avantages de l'habit long. La commodité d'un tailleur arménien, qui venait voir un parent qu'il avait à Montmorency, me tenta d'en profiter pour prendre ce nouvel équipage, au risque du qu'en dira-t-on, dont je me souciais très peu. Cependant, avant d'adopter cette nouvelle parure je voulus avoir l'avis de Madame de Luxembourg, qui me conseilla fort de la prendre. Je me fis donc une petite garde-robe arménienne ; mais l'orage excité contre moi m'en fit remettre l'usage à des temps plus tranquilles, et ce ne fut que quelques mois après que, forcé par de nouvelles attaques de recourir aux sondes, je crus pouvoir, sans aucun risque, prendre ce nouvel habillement à Motiers, surtout après avoir consulté le pasteur du lieu, qui me dit que je pouvais le porter au temple même, sans scandale. (*Confessions.*)

choix ou à celui du foureur, pourvu que les deux fourures soient jolies, légéres, et différentes.

La réflexion que vous me faites qu'on ne saura pas coudre ici la bordure à ma robe de dessous me fait prendre le parti de me passer de cette bordure. Une autre année je pourrois vous envoyer une de ces robes, et si vous aviez la bonté d'en faire faire une semblable, vous pourriez en même tems la faire border par le foureur.

De tous les échantillons de camelots que vous m'avez envoyés ; je préférerois celui que je vous renvoye, laissant pourtant toujours le tout à vôtre choix. Les devants doivent être doublés de taffetas ou de fine toile grise. Voilà tout, à ce que je crois. Je ne serai pas fâché d'avoir cet envoi le plus tot qu'il se pourra sans vous donner trop d'importunité : car le froid commence d'être ici fort rude, et nous sommes déjà entourés de neige. Je vous prie, Madame, de vouloir bien joindre à vôtre envoi de la soye de toutes couleurs pour faire des lacets. Il en faut presque autant de blanche que de toutes les autres couleurs ensemble. J'espére que dans le temps convenable la belle Madelon[1] ne dédaignera pas d'en porter un de ma façon. Car Mlle d'Yvernois qui vient de se marier en a déterminé l'usage. Ils ne sont destinés qu'aux Demoiselles de ma connaissance qui se marient; à condition qu'elles nourriront leur prémier enfant; sans quoi, point de lacet[2].

Vous êtes trop bonne, Madame, et trop bien-

---

1. Fille de madame Boy de la Tour.
2. Une entre autres, appelée Isabelle d'Ivernois, fille du procureur général de Neuchâtel, me parut assez estimable pour me lier avec elle d'une amitié particulière dont elle ne s'est pas mal trouvée par les conseils utiles que je lui ai donnés, et par les soins que je lui ai rendus dans des occasions essentielles; de sorte que maintenant, digne et vertueuse mère de famille, elle me doit peut-être sa raison, son mari, sa vie, et son bonheur. De mon côté, je lui dois des consolations très douces, et surtout durant un bien triste hiver, où, dans le fort de mes maux et de mes peines, elle venait passer avec Thérèse et moi de longues soirées qu'elle savait nous rendre bien courtes par l'agrément de son esprit, et par les mutuels épanchements de nos cœurs. Elle m'appeloit son papa, je l'appelois ma fille, et ces noms

faisante de vouloir bien me faire établir une maison de campagne sur la montagne, mais gardez-vous de faire cette dépense pour moi qui suis si peu sur d'en profiter. J'ignore encore comment je supporterai cet hiver; mais dussai-je me bien porter le printems prochain, me voilà devenu si esclave, si dépendant de toutes choses, que quelque plaisir que j'aye d'habiter vôtre maison je ne puis jamais me répondre de ce que je deviendrai d'une année à l'autre. Bon jour, ma trés bonne et chére amie; soyez persuadée que ce titre dont vous m'honorez est un des plus précieux que je puisse porter, et que

que nous nous donnons encore, ne cesseront point, je l'espère, de lui être aussi chers qu'à moi. Pour rendre mes lacets bons à quelque chose, j'en faisois présent à mes jeunes amies à leur mariage, à condition qu'elles nourriroient leurs enfants. Sa sœur aînée en eut un à ce titre, et l'a mérité; Isabelle en eut un de même, et ne l'a pas moins mérité par l'intention; mais elle n'a pas eu le bonheur de pouvoir faire sa volonté. En leur envoyant ces lacets, j'écrivis à l'une et à l'autre des lettres dont la première a couru le monde; mais tant d'éclat n'alloit pas à la seconde : l'amitié ne marche pas avec si grand bruit.

j'ai le cœur fait pour en être digne. Mille amitiés je vous supplie à toute vôtre aimable famille. J'ai un vrai desir de faire connaissance avec Messieurs vos fils[1].

ROUSSEAU.

IV

A Madame

Madame Boy de la Tour, née Roguin, à Lyon.

A Motiers, le 6 9bre 1762.

J'ai receu, Madame, en bon état la caisse et tout son contenu que vous avez eu la bonté d'envoyer pour moi à M. Gloriot ; j'ai fait remettre aux Demoiselles Girardier et d'Yvernois ce qui étoit pour elles et j'ai vu dans le reste combien de soins vous avez bien voulu prendre pour

---

[1]. Madame Boy de la Tour eut deux fils. L'aîné épousa mademoiselle Du Pasquier et se retira à Motiers dans la maison qu'habite aujourd'hui son petit-fils. L'autre mourut à Lyon où il se maria deux fois.

moi. La fourure est trés belle et chaude, seulement le bonnet assortissant ayant été doublé en plein s'est trouvé trop étroit pour entrer dans ma tête, peut-être faudra-t-il ôter le dedans pour pouvoir le mettre. A l'égard du bonnet d'Eté, m'étant interdit de porter toute dorure je ne sais pas trop comment faire; car je vois bien que ce qui vous a porté à en faire mettre, c'étoit afin qu'il n'eut pas l'air d'un bonnet de nuit. Aussi ces sortes de bonnets été et hyver ne se portent jamais sans fourrure. Nous verrons dans la saison s'il faudra me résoudre à porter du dor[1]. Je dois vous dire aussi que la soye qui sert à faire des lacets n'est pas de la soye plate mais de la soye filée, de la soye à coudre. Ainsi puisque vous avez réservé qu'on la rendroit si elle ne convenoit pas, j'attendrai ou je chercherai la prémiére occasion pour vous la renvoyer vous priant de la faire échanger contre

---

1. Il porte une jaquette à grand basques plissée
 Avec du dor dessus.

(*Misanthrope* II. vi.)

de la soye torse. Ces observations sont des bagatelles, le tout en général me paroit parfaitement bien et je ne puis trop vous en réitérer mes remerciemens. La caisse que vous avez aussi la bonté de m'envoyer par les Rosselets n'est pas encore arrivée ; je suppose que vous aurez eu la bonté, Madame, d'y joindre le mémoire de vos déboursés ; si vous ne l'avez pas fait, je vous supplie de vouloir bien prendre la peine de me l'envoyer au plutôt avec une indication de la maniére dont je puis vous faire tenir cet argent.

Vous voulez donc absolument que j'aye un appartement sur vôtre montagne, et moi je vous réitére que si vous faisiez pour moi cette dépense vous feriez une chose très peu raisonnable, puisqu'il n'est rien moins que sur que je puisse en profiter. Du reste le séjour m'en plairoit si fort, que s'il y avoit de l'eau et une cave, et que je fusse le maitre de choisir mon habitation je n'en prendrois point d'autre que celle-là; car après avoir bien pésé tous les inconvéniens, je trouve au fond qu'ils seroient pour moi de vrais avantages ; mais qui peut répondre de soi pour un an ? Je ne répondrois pas de moi pour un jour.

Je suis dans la joie de mon cœur du rétablissement de la chére Tante. Oh que je suis content quand tout va bien chez mes amis ; c'est tout le bonheur de ma vie. Je dois une réponse à l'aimable Madelon ; mais elle a beau me dire des choses flatteuses ; en amitié je ne lui dois rien ; je suis en avance avec elle, et même j'y serai toujours. Elle a beau dire et vous aussi, j'aspire à lui faire un lacet, quoique je sache bien qu'un parti convenable et digne d'elle n'est pas facile à trouver. Mais s'il est un choix qui puisse la rendre heureuse, elle a une Maman dont l'affection et le discernement ne s'y tromperont pas, et un ami qui feroit son bonheur d'en être témoin. Bon jour, Madame, j'ai cent mille choses à vous dire ; mais il faut toujours écrire à la hâte et quand j'ai rempli trois pages, à peine ai-je commencé.

Recevez les trés humbles remercimens et les respects de Mlle le Vasseur [1].

V

A Môtiers, le 23 9bre 1762.

J'ai receu, Madame, presque en même tems

---

[1]. Thérèse était demeurée à Montmorency après la fuite précipitée de Jean-Jacques (Cf. Préface, p. xxxviii et s.). « Elle avoit pour moi le même attachement par devoir, mais elle n'en avoit plus par amour. Cela jetoit nécessairement moins d'agrément dans notre commerce, et j'imaginai que, sûre de la continuation de mes soins, où qu'elle pût être, elle aimeroit mieux rester à Paris que d'errer avec moi. Cependant elle avoit marqué tant de douleur à notre séparation, elle avoit exigé de moi des promesses si positives de nous rejoindre, elle en exprimait si vivement le désir depuis mon départ, tant à M. le prince de Conti qu'à M. de Luxembourg, que, loin d'avoir le courage de lui parler de séparation, j'eus à peine celui d'y penser moi-même; et, après avoir senti dans mon cœur combien il m'étoit impossible de me passer d'elle, je ne songeai plus qu'à la rappeler incessamment. Je lui écrivis donc de partir; elle vint. A peine y avoit-il deux mois que je l'avois quittée; mais c'était depuis tant d'années, notre première séparation. Nous l'avions sentie bien cruellement l'un et l'autre. Quel saisissement en nous embrassant! O que les larmes de tendresse et de joie sont douces! »

vôtre second envoi par les Rosselets, et la lettre dont vous m'avez honoré le 16 de ce mois. Je suis frapé du bon marché de mes empletes, et je me plaindrois presque du trop à cet égard, comme vous l'avez prevu j'avois une ceinture à filoche semblable à celle que vous m'avez envoyée; mais ce que j'aurois souhaité étoit d'en avoir une autre de très belle soye avec de belles franges, qui fut plus parante que celles-là. J'espère que vous concevez bien que cette parure n'est pas pour satisfaire mon gout; mais ne voulant plus quiter l'habit que j'ai pris ni chez Mylord Mareschal, ni même à l'Église, il faut accoutumer les yeux à ne pas le prendre pour un habit négligé; et pour qu'on ne m'accuse pas d'aller au temple en robbe de chambre, il faut chercher à donner à mon vêtement de la décence et même de la noblesse, surtout dans les premiers tems; après quoi je pourrai reprendre sans inconvenient une façon plus simple. Tout le reste des fournitures est excellent et beau, je vous en réitére, Madame tous mes remerciemens.

J'ai remis à M. Girardier le montant du petit mémoire que vous m'avez envoyé. Si je n'en ai pas déduit les menues dépenses que j'ai faites dans vôtre maison, c'est qu'il est plus convenable, puisque vous le voulez absolument, qu'elles se déduisent sur le loyer. Cependant je prendrai la liberté de vous réprésenter qu'il y a de ces dépenses qui vous sont parfaitement inutiles comme par exemple, la boiserie dont j'ai fait garnir la petite chambre de derriére que j'ai prise pour moi. Après cette réprésentation, j'en passerai par tout ce qui vous plaira lorsque nous parlerons du petit loyer. Je veux laisser agir vôtre générosité autant qu'il est raisonnable, pour vous marquer combien mon cœur se prête sans peine à vous être obligé à tous égards.

Madame ni Mlle Girardier ne viennent plus ici : Ainsi soyez tranquille à cet égard. Elle m'ont rendu mille services depuis mon arrivée ici et il y auroit de l'ingratitude à m'en plaindre. Cependant, je vous avouerai que de vos deux familles je donne de beaucoup la préférence à celle d'Yverdun sur ce qui m'est connu de l'autre. Je vous prie que nous en restions-là sur ce point.

J'ai prié en arrivant ici qu'on ôtât de la maison tout ce qui n'étoit pas à vous, et même dans ce qui vous appartenoit ce qui m'étoit inutile. Cependant il n'y a pas longtems, que dinant chez moi des Genevois, Mr Girardier me dit que le lit de la chambre tapissée appartenoit à sa femme. Je vous prie, Madame, de me marquer ce qu'il en est, et ce que je dois faire : car je ne veux rien garder ici qui soit à eux, d'ailleurs je n'ai pas besoin de trois lits : Mais mes meubles ayant été vendus à Montmorenci, je me sers des vôtres sans scrupule, sachant que vous me les prêtez avec plaisir ; et je puis vous assurer qu'ils ne se gâtent pas dans mes mains. Sur le tour que prennent ici les choses je suis fâché de n'avoir pas fait en arrivant un inventaire, et peut-être vaut-il mieux tard que jamais.

La soye plate vous sera reportée par les Rosselets, ainsi que vous me l'avez permis, si vous la pouvez échanger contre d'autre, vous me ferez plaisir. Voudriez-vous bien me faire acheter en même tems deux ou trois lacets pour ma gouvernante, et s'il paraît déjà des almanacs de poche y en joindre aussi un ou deux. J'aurois besoin aussi d'un petit pacquet de cloux d'épingles pour attacher des estampes encadrées, car on ne trouve rien ici. Mille pardons; mais puisque voila un second petit envoi à faire autant vaut y joindre les petites niaiseries dont j'ai besoin; comme par exemple un paquet de curedents, et ce qui vous fera rire, même de bon amadou, s'il y en a à Lyon, car ici il ne vaut rien du tout et cela désespére un homme qui a souvent besoin de battre le fusil pendant la nuit. Voilà un nouveau compte ouvert, voilà de nouveaux embarras. Il faut avouer que vous êtes bien bonne et que je suis bien indiscret.

Ce n'est pourtant pas tout encore. Car voici une lettre que je suppose que vous êtes à portée de faire parvenir à son addresse; c'est une réponse que je ne saurois pas trop comment envoyer sans vous. S'il faut quelques affranchissemens, n'oubliez pas, s'il vous plait, l'article sur ma notte. Enfin, vous m'avez envoyé un livre de M. l'Abbé Morellet[1]. Cela suppose, Madame, que vous ou quelqu'un de vos Messieurs le connaissez. En ce cas, je vous supplie de lui faire passer par la prémière occasion mes remerciemens et mes amitiés.

Quatre pages de miséres, sans vous parler de vous ni de moi ! En vérité, je pourrois dire que je ne cesse de penser à vous que pour vous écrire. Car je ne suis environné que d'objets qui me rappellent vôtre amitié et vos bontés. Vôtre épinette m'est une grande ressource dans une saison qui ne me permet plus de sortir. La nuit je suis éclairé par vos lumiéres, le jour je suis bien fourré par vos soins, enfin vous me tenez le corps et le cœur chaud et c'est main-

---

1. Sans doute le *Manuel des Inquisiteurs* (1762). Deux ans auparavant, Jean-Jacques l'avait fait sortir de la Bastille par l'entremise de madame de Luxembourg.

tenant sur du papier qui me vient de vous que je vous parle; si je vous oubliais un moment, il faudrait que je fusse non seulement le plus ingrat mais le plus stupide des hommes. Oui avec plaisir je me transporterois en idée auprès de vous au milieu de vôtre aimable famille, si la maladie de cette chére Julie ne venoit attrister ce tableau. Donnez-moi des nouvelles de cette charmante enfant, je vous supplie; je ne serai tranquille que quand vous le serez.

Mille remercimens et humbles respects de Mlle le Vasseur.

VI

A Motiers, 17 X^{bre} 1762.

Je profite, Madame, du départ du domestique de M. le Professeur pour vous donner un petit bon jour et vous accuser la reception des Marons que vous avez eu la bonté de m'envoyer, et qui sont aussi beaux que bons, quoi que vous en puissiez dire. Parmi les choses qui y étaient jointes je n'ai point trouvé la soye échangée, ce qui me fait juger, ou que vous ne l'aviez pas encore receue, ou qu'on a pas voulu l'échanger; surquoi je vous dirai que cela ne me paroit plus necessaire depuis que j'ai vû les lacets que vous m'avez envoyés pour Mlle le Vasseur, et si vous voulez me renvoyer la même soye je tâcherai de l'employer platte, voyant qu'elle fait des lacets plus beaux. J'ai honte de vous accabler sans cesse de mes commissions, cependant il est sur que si vous pouviez m'envoyer une paire ou deux de ces souliers de paille qu'on porte à Lyon dans les magazins et que le domestique put s'en charger à son retour, vous rendriez service à mes pauvres pieds qui souffrent du froid sous ma table malgré le poile.

Voici encore une Lettre que je vous supplie de vouloir bien faire remettre à son addresse en avertissant M. Bruisset que s'il y a réponse, il peut me l'envoyer par la même occasion.

Je me mets à vos pieds, ma très bonne amie, pour vous réiterer mes excuses avec mes remerciemens, mais soyez persuadée que quelque indiscret que je puisse être je sais que vôtre bonté passe encore, et ma reconnoissance aussi. Bon jour la belle dormeuse, bon jour la belle sauteuse, bon jour toute l'aimable famille, et bon jour pour l'adorable Maman.

ROUSSEAU.

VII

A Madame

Madame Boy de la Tour, née Roguin, à Lyon.

A Motiers, le 27 janv^r 1763.

Si mes remerciemens, Madame, marchoient aussi rapidement que vos dons, nous aurions tous deux trop d'affaires, et il est bon que je tempére un peu sur ce point par ma négligence vôtre trop grande activité. Tout de bon, si je ne connoissois pas vôtre excellent cœur, je croirois que mes commissions vous sont importunes, et que vous cherchez à me le faire sentir à votre maniére, par les présents dont vous les accompagnez ; mais comme je connois trop vôtre amitié pour moi pour avoir cette crainte, j'espére aussi que vous rendez trop de justice à mes sentimens pour en juger par le défaut d'exactitude que je mets quelquefois à mes lettres et à mes remerciemens. La reconnoissance et l'attachement ne me coûteront jamais rien pour vous ; mais quelquefois une lettre me coûte, surtout dans mon état et dans cette saison. Compatissez à mes defauts et à ma situation, Madame, et croyez que si je passe des mois sans vous écrire, en revanche il y a bien peu d'heures dans lesquelles je ne pense à vous.

J'ai receu tout ce que vous avez eu la bonté de m'envoyer par le domestique de M. de Montmolin, mais quoique selon vos ordres je n'aye point parlé de vos présens je ne doute pas que l'on ne sache à mon voisinage que vous m'avez envoyé des Marons, car les Rosselets l'ont dit à tout le monde, et cela s'est pu savoir aussi par les gens qu'ils avoient chargé du paquet. A propos de M. de Montmolin sa pauvre Mlle Lisette est trés mal depuis assez longtems, et je crains bien qu'on ne parvienne pas à la tirer d'affaire. Si nous la perdons, je regretterai beaucoup cette bonne et aimable fille, car sans avoir l'esprit aussi formé que Mademoiselle Madelon, elle me paroit avoir sa douceur et son bon caractère et j'aime tout ce qui lui ressemble.

Voici à propos de vôtre aimable fille un article de la derniére lettre de bon Papa : il me charge, lorsque je vous écrirai, de vous demander quand elle nous fera danser. Le *pauvre Collonel*, ajoûte-t-il, *s'ennuye trés fort de n'avoir point de Dame pour faire les honneurs de sa maison où il a presque tous les jours du monde à diner.* Je vous transcris son article sans y ajoûter rien du mien. Faites-moi je vous prie une réponse que je puisse de même lui transcrire, et si vous avez quelque chose là-dessus à me dire pour moi seul avertissez-m'en. Il est certain que je prens l'intérest le plus tendre à M. le Collonel, mais je n'en prends pas moins à l'aimable Madelon ; on ne peut égaler à l'estime que j'ai pour lui que celle que j'ai pour elle [1]. Je vois en lui tout ce qui peut rendre une

---

[1]. Cette dernière étoit destinée par M. Roguin au colonel, son neveu, déjà d'un certain âge, et qui me témoignoit aussi la plus grande affection ; mais, quoique l'oncle fût passionné pour ce mariage, que le neveu le désirât fort aussi, et que je prisse un intérêt bien vif à la satisfaction de l'un et de l'autre, la grande disproportion d'âge, et l'extrême répugnance de la jeune personne, me firent concourir, avec la mère, à détourner ce mariage, qui ne se fit point. Le colonel épousa depuis mademoiselle Dillan, sa parente, d'un caractère et d'une beauté bien selon mon cœur, et qui l'a rendu le plus heureux des maris et des pères. Malgré cela, M. Roguin n'a pu oublier que j'aie, en cette occasion, contrarié ses désirs. Je m'en suis consolé par la certitude d'avoir rempli, tant envers lui qu'envers sa famille, le devoir de la plus sainte amitié, qui n'est pas de se rendre toujours agréable, mais de conseiller toujours pour le mieux.

femme heureuse; que n'a-t-il pû la rendre heureuse vingt ans plustôt!

Je n'ai plus de communication avec la maison contigue[1] et je vous avoue que je ne m'en trouve pas plus mal. On y est fort occupé à cause du départ de mon autre voisin et votre ancien associé. Il va chercher à Paris le bonheur qu'il n'a pu trouver à Motiers, je souhaite qu'il l'y trouve. Il est bien difficile de le rencontrer nulle part, quand on ne le porte pas avec soi. Pour moi, comme nous ne nous sommes point vus durand son séjour ici, je ne pers rien du tout à son départ. Son séjour ici ne m'étoit ni importun ni agréable; il m'étoit indifférent. On a voulu me faire entendre qu'il s'étoit racomodé avec vous; j'en ai douté puisque vous ne m'en avez rien dit.

Si vous vouliez bien m'envoyer la petite note des déboursés que vous avez faits pour mon compte en dernier lieu, vous me feriez plaisir,

1. Les Girardier.

et de me marquer en même tems à qui j'en puis remettre le montant soit, ici soit à Neufchatel ou à Yerdun. Je crains que ces bagatelles ne s'oublient. Vers la fin de l'année je pourrai avoir besoin de quinze cent francs, je vous prie de vouloir bien en prévenir ces Messieurs[1]. Bon jour, ma trés bonne et trés chére amie, recevez les respects de Mlle le Vasseur, et d'un homme qui vous est attaché par des liens que la mort même aura peine à rompre.

ROUSSEAU.

VIII

A Madame

Madame Boy de la Tour, née Roguin, à Lyon.

A Môtiers, le 6 Fév. 1763.

Quoique je pense bien, Madame, que les avis

---

[1]. Les fils de madame Boy de la Tour qui géraient la maison d'affaires à Lyon.

ne vous manqueront pas, je crois néanmoins devoir vous annoncer le decés de M. Girardier, mort la nuit derniére à dix heures, et, comme je crois d'une inflammation d'entrailles ; car il m'a été impossible de l'aller voir, m'étant trouvé trés mal moi-même la nuit qu'il est tombé malade ; cependant je suis réservé pour souffrir encore moi qui ne suis bon à rien, et Dieu le retire lui, père de famille ; adorons ses décrets impénétrables. Ce qu'il y a de bien sur est que quand mon heure arrivera vous perdrez un véritable ami, et qu'en lui vous ne perdez rien de pareil tant s'en faut.

Bon jour, Madame.

ROUSSEAU.

Quoique je n'aye pu moi-même aller soigner le défunt, j'y ai envoyé Mlle le Vasseur, et c'est elle qui lui a rendu les derniers devoirs. Je ne puis vous en dire davantage.

IX

A Madame

Madame Boy de la Tour, née Roguin, à Lyon.

A Môtiers, le 2 Mars 1763.

Je profite, Madame, du départ de M. Girardier[1] pour vous donner un petit bonjour que je voudrois bien pouvoir vous porter moi-même. J'ai été fort content d'avoir fait connoissance avec le porteur de ma lettre, et il n'a pas tenu à moi de lui témoigner le cas que je faisois de lui et de vôtre recommandation; mais mon triste état m'a empêché de le voir comme je l'aurois desiré et s'il a peu profité de ma bonne volonté, j'espére au moins qu'il l'a reconnue.

Vous ne voulez pas, Madame, m'envoyer la note de vos débourses, cela m'empêchera de vous constituer en d'autres fraix jusqu'à la

---

1. Parent du défunt.

restitution de ceux-là. Les petites réparations que j'ai faites dans vôtre maison sont pour ma comodité particuliére; mais si vous voulez absolument qu'elles soient sur vôtre compte, souffrez au moins qu'elles se déduisent sur le loyer de la maison et non pas sur les déboursés que vous faites journellement pour mon compte; car c'est à quoi je ne saurais consentir parce que cela n'est point juste. De grace, envoyez-moi donc la note que je vous demande si vous ne voulez pas que je croye que mes comissions vous ont importunée.

Votre derniére lettre, Madame, n'étoit point dattée; c'est une précaution qu'il importe de ne plus omettre, de même que quelques autres dont vous devez être déjà prévenue.

Vous savez que ce pays ne produit rien du tout que des langues. Aggréez-en quatre des moins mauvaises, et dont Mr Girardier veut bien se charger.

Mille salutations, Madame, à toute vôtre

aimable famille, et recevez les assurances de tout mon respect et mon éternel attachement.

ROUSSEAU.

X

A Madame
Madame Boy de la Tour, née Roguin, à Lyon.

A Môtiers le 27 Mars 1763.

J'ai receu, Madame, par le retour de M. B... avec vôtre obligeante lettre du 19, le billet que vous y avez joint et qui étoit la chose du monde la moins necessaire. Il m'a donné de vous et de toute vôtre famille de bonnes nouvelles qui m'ont fort réjoui. Recevez mes remercimens et ceux de Mlle le Vasseur pour les lacets que vous avez eu la bonté de lui envoyer; mais c'est dire que vous ne voulez plus de mes commissions que les transformer en présens. Je vous envoye pourtant dans le fil ci-joint la mesure de ma tête je l'ai prise entre les deux nœuds; je vous prierai de joindre au bonnet une rame de papier à lettres pareil à celui que vous m'avez envoyé ci-devant, et dont c'est ici une demi-feuille. Comme vôtre mémoire est plus petit que je n'avais cru, j'attens pour le solder d'y joindre ces deux articles dont je vous prie de vouloir bien m'envoyer la note en même tems, et de me marquer aussi par qui je puis vous addresser cet argent ou le mettre, soit ici soit à Neufchâtel ou à Yverdun.

J'ai fait imprimé une Lettre à M. l'Archevesque de Paris[1], dont je viens de recevoir quelques exemplaires; je voudrais bien, Madame, vous en faire passer un; mais je ne sais comment faire. Quoique la brochure soit fort petite, cela est trop fort pour être envoyé par la poste, et je ne connois point d'autres voyes si ce n'est peut-être celle des Rosselets; mais ils demeurent aux Verriéres et n'entendant jamais parler d'eux, j'ignore absolument le tems de leur départ.

1. En réponse au mandement lancé par monseigneur de Beaumont contre l'*Emile*, le 29 août 1762.

Je souhaite bien ardemment, Madame, que cette lettre vous trouve en meilleur état qu'elle ne me quitte. Car j'ai actuellement la fièvre, mal à la tête, mal à la gorge; mon état est sensiblement empiré depuis quelques jours; ce qui m'empêche de pouvoir m'entretenir avec vous aujourd'hui comme je le souhaiterois. Je dois vous prévenir que j'ai pris pour mes lettres des mesures convenables, et qu'on peut désormais m'écrire directement sans risque. Mille salutations dans vôtre maison, Madame, je vous supplie, et recevez avec les miennes les assurances de tout mon respect.

ROUSSEAU.

Quand le papier seroit un peu plus fort que celui-ci pourvu qu'il fut blanc et fin il n'y auroit pas de mal.

XI

A Madame

Madame Boy de la Tour, née Roguin, à Lyon.

A Motiers, le 7 May 1763.

J'ai receu, Madame, il y a huit jours, par les Rosselets plusieurs paquets contenant un bonnet d'été, une rame de papier, un grand portefeuille, et du camelot cannelle pour une robbe avec la doublure de toile de coton. N'ayant point receu de lettre d'avis, je ne suis pas sur que ce dernier pacquet soit pour moi, ainsi j'attendrai pour en disposer que je sache s'il n'est pas pour un autre, le tout étant sans addresse. En attendant, Madame, recevez derechef les remercimens que j'ai si souvent occasion de vous addresser, et faites les aussi pour moi je vous supplie, à M. Girardier[1] qui a eu la bonté de se souvenir bien exactement des

---

1. Parent de feu Girardier de Motiers. Il était venu à l'enterrement; à son départ Rousseau l'avait chargé de ces commissions.

articles dont nous n'avions parlé, pour ainsi dire, qu'à la volée. J'ai vu par un article de sa derniére lettre à Mademoiselle sa sœur qu'elle m'a communiqué, qu'il seroit bien aise d'avoir un exemplaire de ma Lettre à M. de Beaumont ; ainsi Mlle Girardier s'est chargée de lui envoyer le sien que je remplacerai dans peu de jours sitôt qu'il m'en sera venu d'autres. Je ne sais point si vous avez receu celui que je remis à M. Boy pour vous être envoyé par la poste selon votre intention, et ce qui me tient en peine sur le sort de cet exemplaire, c'est qu'il en a été envoyé plusieurs par la poste à Paris dont aucun n'a pénétré, ce qui me fait craindre que le vôtre n'ait eu le même sort. Si cela étoit et que celui de M. Girardier fut plus heureux, je le prierois de vouloir vous le remettre, à la charge pour moi de le remplacer au prémier avis.

Vous savez, sans doute, Madame, le départ de Mylord[1] Mareschal mon protecteur, mon

1. « George Keith, maréchal héréditaire d'Écosse, et frère du célèbre général Keith, qui vécut glorieusement et

ami, et le plus digne des hommes parti le 30 du mois dernier à mon trés grand regret. Sa perte est une des plus cruelles que je puisse faire ; il me laisse sans appui et qui pis est sans

mourut au lit d'honneur, avoit quitté son pays dans sa jeunesse, et y fut proscrit pour s'être attaché à la maison Stuart, dont il se dégoûta bientôt, par l'esprit injuste et tyrannique qu'il y remarqua, et qui en fut toujours le caractère dominant. Il demeura longtemps en Espagne, dont le climat lui plaisait beaucoup, et finit par s'attacher, ainsi que son frère, au Roi de Prusse, qui se connaissoit en hommes, et les accueillit comme ils le méritoient. Il fut bien payé de cet accueil par les grands services que lui rendit le maréchal Keith, et par une chose bien plus précieuse encore, la sincère amitié de milord maréchal. La grande âme de ce digne homme, toute républicaine et fière, ne pouvait se plier que sous le joug de l'amitié ; mais elle s'y plioit si parfaitement, qu'avec des maximes bien différentes il ne vit plus que Frédéric, du moment qu'il lui fut attaché. Le roi le chargea d'affaires importantes, l'envoya à Paris, en Espagne, et enfin, le voyant, déjà vieux, avoir besoin de repos, lui donna pour retraite le gouvernement de Neuchâtel, avec la délicieuse occupation d'y passer le reste de sa vie à rendre ce petit peuple heureux. » (*Confessions*, p. 529.) Jean-Jacques Rousseau et lord Keith se lièrent d'une grande affection ; ils se faisaient visite, chassaient ensemble. Lord Keith plaisait à Jean-Jacques par la communauté de leurs goûts. « J'ai manqué ma vocation, écrivait le gouverneur de Neuchâtel, je crois qu'elle était

ami au milieu de gens trés mal intentionnés plus partisans de l'Archevesque de Paris que les catholiques, et dont les cœurs sont bien éloignés de sentir le respect qu'on doit aux malheureux. Du reste étant ici sous l'immediate protection du Roi j'attends paisiblement de savoir comment on s'y prendra pour me chercher querelle, en quoi, si cela n'arrive pas, on manquera plustot d'occasion que de volonté. Quelque doux qu'il me soit d'habiter la maison d'une si digne et si chére amie, je ne vous cache point que si j'étois en meilleur état j'irois chercher à vivre parmi des gens qui me vissent au milieu d'eux avec plus de plaisir [1]. Mais dans la vie languissante et valétudinaire que je mène on ne se deplace que quand on y

d'être Tartare Kalmouck, mais des plus éloignés des Russes. Je regrette bien que nous n'ayons pas fait connaissance il y a douze ans à Paris. Nous aurions peut-être été depuis onze années dans quelque jolie retraite. » (1764.)

1. Voilà les premiers symptômes de brouille avec les habitants de Motiers : ils ne feront que s'aggraver, jusqu'au dénouement tragique.

est forcé. Dans cette situation je n'aurois pas dû laisser entreprendre le travail de vôtre montagne, si vous m'eussiez assuré moins positivement qu'il seroit agréable pour vous-même d'y avoir un logement. D'ailleurs, la dépense en est commencée; pour qu'elle ne soit pas perdue il faut laisser achever. J'attends avec empressement le moment d'aller m'y établir, bien sur, Madame, d'habiter avec plus de plaisir vôtre chalet dans un desert que les Palais des Rois dans les Villes.

Le compte que vous m'avez envoyé de vos précédens déboursés étoit peu de chose; mais avec les nouveaux articles ce doit être une somme dont je vous prie de vouloir bien m'envoyer la note, en m'indiquant à qui je dois la payer.

Donnez-moi des nouvelles de vôtre santé, de vos plaisirs, de votre chére famille a qui je vous prie de faire mes salutations, de même qu'à M. Girardier. Recevez les respects de Mlle le Vasseur, et ceux d'un homme qui vous est attaché pour toute sa vie.

Je dois vous prevenir que j'ai pris des mesures avec le Directeur des Postes de Pontarlier pour que mes lettres me parviennent sous son enveloppe une fois la semaine qui est le samedi, et je lui envoye aussi les miennes une fois la semaine savoir le lundi, sous enveloppe [1]. Le

---

[1]. Sur le fonctionnement de la poste, voir baron A. de Rothschild, *Histoire de la Poste*. Voici une lettre qui donnera une idée des rapports de Jean-Jacques avec la poste de Motiers :

A Jecquier, commis de la Poste de Motiers.

Motiers, 2 septembre 1765.

Je ne suis pas surpris, Monsieur, qu'un homme de votre sorte ait l'impudence de me redemander une paille dont vous eûtes honte de recevoir le payement lorsqu'on vous l'offrit, vu les fréquentes aumônes de toute espèce dont je comblais votre famille : mais je suis surpris que vous ayez oublié l'habit et veste qui vous fut remis pour votre fils, et qui paye au moins cinquante fois ladite paille. Lorsqu'il vous plaira de me payer cet habit, nous déduirons le prix de la paille.

Quant à la gazette dont, par la même raison, vous receviez ci devant le payement presque malgré vous, je cesse de la payer, parce que je cesse de la lire, et je cesse de la lire parce que, non seulement vous ne me l'envoyez point selon votre devoir, mais que même ni moi, ni personne de ma part, ne peut approcher de votre maison sans

tout numérotté et datté. Ainsi les Curieux de Motiers *sont à roüet*, et l'on ne peut plus ouvrir aucune de mes lettres ni de France ni pour France que je ne le sache aussitôt. Ce que je vous dit, Madame, afin que vous m'écriviez desormais en droiture avec toute confiance.

Je reçois à l'instant, Madame, vôtre lettre du 3 par laquelle je vois que la brochure vous est bien parvenue; je vois aussi que parmi les pacquets qui m'ont été remis il y en a un de Camelot canelle avec la doublure, lequel n'est pas pour moi, puisque le Mémoire ne monte en tout qu'à 16 l. Ainsi je ferai avertir demain les Rosselets de faire retirer ce paquet par ceux à qui il appartient. Ces 16 l. seront payées selon votre intention avec les 3 l. 8 du compte précédent à Madame Girardier, faisant en tout 19 l. 8.

être insulté, ce qui me met hors d'état de plus rien recevoir désormais par la poste.

Recevez, monsieur, etc...

Je n'ai pas changé mon cachet, mais j'en ai deux [1].

XII

A Motiers le 10 Juin 1763.

Voici, Madame, l'éclaircissement que desire M. Cherb [2]; il le trouvera au bas du même papier que vous m'avez envoyé de sa part.

Ne soyez pas trop en peine, ma très bonne amie, de mes projets de voyage : rien n'est encore décidé là dessus, et tout ce qui tient

---

1. L'un est la devise *Vitam impendere vero;* l'autre est une lyre.
2. Syndic des Suisses à Lyon. Madame Boy de la Tour en parle dans ses lettres comme de son protecteur.

à vous m'est si cher que je ne quitterai
jamais vôtre maison sans regret. Je vous dirai
même que l'air de protecteurs et juges qu'il
plait aux gens du pays de prendre avec moi
me met à mon aise en me dispensant de les
voir : ce que je ne faisois que par complaisance,
et bien contre mon humeur. Leurs honnêtetés
m'auroient subjugué, leurs impertinences me
dégagent. Je leur ai l'obligation d'être plus
libre qu'auparavant.

Vous savez comment j'ai toujours pensé sur
les vues du Papa relativement à l'aimable
Madelon[1]. J'aime tendrement M. le Colonel, je
n'oublierai jamais ses bontés. Mais je suis
persuadé que cet arrangement n'étoit bon n'y
pour lui ni pour elle : car de quelque mérite
et de quelques vertus qu'elle soit pourvue elle
eût tout fait sans faire assés, et les convenances
necessaires ne sauroient manquer d'un coté
sans manquer aussi de l'autre.

1. Voy. plus haut p. 32.

On travaille sur la montagne, mais comme on ne s'est mis en train tout de bon que cette semaine, je ne sais quand les chambres seront faites et si je pourrai les habiter cet été. M. le Consul vôtre frére m'a honoré de sa visitte. J'ai été fort sensible à cette marque de bonté, j'ai reconnu en lui le cœur de la famille, et c'est tout dire. Depuis son passage sur la montagne l'ouvrage a pris un meilleur train.

Puisque vous le voulez, Madame, quand on m'offrira la Cave; je l'accepterai. Cependant je vous dirai que si je reste dans le pays je tâcherai de m'établir tout à fait à Pierre-nou. La plus profonde solitude est l'état le plus heureux pour moi.

Mes salutations je vous supplie à toute l'aimable famille et communauté, recevez les respects de Mlle le Vasseur et ceux d'un homme qui vous est attaché de tout son cœur et pour toute sa vie.

ROUSSEAU.

S'il arrivoit que vous reçussiez pour moi quelques lettres, vous voudriez bien, Madame, en me les faisant parvenir, tenir note des ports et me les passer en compte. Je crois, à vue de pays que je n'aurai pas besoin d'argent cette année.

XIII

Madame

Madame Boy de la Tour, née Roguin, à Lyon.

A Motiers, le 14 Aoust 1763.

Pourquoi faut-il, Madame, que mon triste état et l'indolence qu'il me donne ou plustot l'accablement où il me jette contrarient toujours mes gouts? Vous n'auriez surement pas besoin de me prévenir en me demandant de mes nouvelles et vous auriez assés à faire à me donner des vôtres aussi souvent que je vous en demanderois, mais, ma trés bonne amie, je ne vaux plus rien ni pour les autres ni pour moi;

je ne suis plus bon qu'à souffrir, me plaindre et rabâcher ; un tel commerce n'est qu'importun pour les autres, et c'est par discretion que je ne le rends pas plus assidu. Je me préparais à me transplanter à vôtre montagne avec autant de plaisir que vous en avez eu à la faire accomoder ; mais ni mon état présent ne le permet, ni quand il le permettroit je ne le pourrois faire, vû l'étrange pays où je vis, sans compromettre l'honneur de la personne qui prend soin de moi. Sitôt que j'ai bien connu le naturel des gens du lieu je n'ai plus voulu qu'elle les vit, et cette retraite jointe au projet d'aller habiter la montagne leur a fait supposer aussi charitablement que sensément que j'avois des raisons pour la cacher. Leurs regards curieux, leurs brutales double ententes, et leurs sotes chuchoteries m'ont bientôt fait deviner de quoi il s'agissoit ; sur quoi j'ai pris le parti de rester au milieu de Moliers jusqu'à ce qu'il plaise à la providence de me tirer tout à fait de maniére ou d'autres du milieu de leurs langues empoisonnées qui distillent plus de venin que celles de tous les serpens de l'affrique. Il semble qu'aucun honnête homme ne peut approcher d'ici que pour y être déshonoré, du moins autant qu'on peut l'être par de telles gens qui ne connaissant ni honneur ni vertu pensent que tout le monde leur ressemble. Je m'épanche avec vous, Madame, dans la vive indignation dont je suis pénétré, et je vous avoue que faisant exception de quelques personnes en bien petit nombre, je regarde Motiers comme le séjour le plus vil et le plus venimeux qu'on puisse habiter. Vôtre amitié, Madame, le voisinage de vôtre respectable Oncle m'y ont déjà retenu treise mois, mon triste état m'y retiendra longtems encore ; quand un autre honnête homme y aura demeuré autant il m'en dira des nouvelles. Le pauvre Baron de Sautern quoiqu'absent vient de passer à son tour par l'épreuve[1], et

---

[1]. Il le méritait. Voy. dans les *Confessions* tout ce qu'apprit plus tard Jean Jacques sur son compte, son faux nom, son faux titre, son dévergondage et ses piètres exploits (II, xii).

tout autant qu'il en viendra ne la payeront pas moins cher. Mais j'espére qu'après nous il n'y aura point d'honnête étranger assés misérable pour ne pas se tenir averti à nos dépen.

Je ne veux pas trop creuser dans l'avenir, ma trés bonne amie, mais mon état empire tellement depuis quelque tems qu'il ne seroit guére étonnant que cet hiver je fusse délivré de mes souffrances, et en ce cas là jugez de la douleur que j'aurois de laisser ici cette pauvre fille qui soigne depuis si longtems ma misérable machine, seule et sans position dans un pays si éloigné du sien; si nous étions a Yverdun je serois bien tranquille, mais ici au moment ou j'aurai les yeux fermés on la dépouillera de tout. J'ai fait un testament, mais puis-je espérer qu'on y aura le moindre égard? Quelque défaut de formalité le fera annuler et on ne la laissera pas même profiter de mes guenilles. Tel est le train du monde, et les choses n'iront pas mieux ici qu'ailleurs. J'espére au moins, Madame, qu'au nom de nôtre ancienne amitié vous la protégerez en tout ce qui dépendra de vous, et que vous ne souffrirez pas que ce qui est dans les mains de Messieurs vos fils passe à d'autres qu'à elle. En cas d'accident je lui remettrai le billet endossé à son nom ; mais toute ma confiance est en vous, et je suis trés sur que sachant mes intentions vous ferez, quoi qu'il arrive, en sorte qu'elles soient exécutées. J'avais besoin pour être tranquille de vous prévenir là dessus, et maintenant je le suis parfaitement.

Je me suis sensiblement obligé de m'épargner des visittes. Si en tout autre tems elles me sont importunes, jugés de ce qu'elles sont à présent pour un homme qui n'est pas un instant sans souffrir. Bon jour, ma trés bonne amie, vous devez être excédée de mes lamentations, il est tems de les finir, je tâcherai d'être moins ennuyeux la premiére fois. Mille salutations à toute vôtre aimable famille et souvenez-vous quelquefois de vôtre ami.

ROUSSEAU.

J'oubliois de vous marquer qu'on m'a remis la Cave et même très promptement, quoique j'eusse déclaré que rien ne pressoit et que même je ne pouvois m'en servir qu'à l'entrée de l'hiver.

XIV

A Madame

Madame Boy de la Tour, née Roguin, à Lyon.

A Motier le 8bre 1763.

J'ai eu le chagrin, ma très bonne Amie, par la précipitation du départ de M. Heer de ne pouvoir lui faire l'accueil que j'aurois désiré ; il n'a tenu cependant qu'à lui de connoitre combien vôtre recommandation a d'autorité sur moi. D'ailleurs il m'a paru fort aimable, et ce qui m'a fait le plus de plaisir dans son entretien c'est qu'il m'a beaucoup parlé de vous et de vôtre famille ; il m'a chargé en partant de vous offrir ses respects et ses remerciemens ; je m'en acquite.

Vous avez donc su le trait de jeunesse du Bon Papa. Je ne saurais vous dire quel ravissement et quelle allarme il me donna en même tems en le voyant arriver à pied par l'ardeur du soleil et tout en nage. Grace au Ciel il a supporté la fatigue de ce voyage mieux que je n'aurois fait moi-même. Quand j'ai été le remercier, et c'était bien le moins, je l'ai trouvé trés bien portant, de même que toute vôtre famille; mais moi, je n'ai pas grimpé les monts, j'ai fait le tour [1]. Je n'ai vû M. le Colonel qu'à souper et jamais seul; ainsi il ne m'a parlé de rien. Mais son frére m'a parlé de l'affaire manquée et même à plusieurs reprises se plaignant amérement, et m'assurant que les premiéres propositions leur étoient venues de vous [2]. Dans cette supposition je devois vous blâmer, je l'ai fait, avois-je tort? Du reste je leur pardonne bien de regretter ce qu'ils perdent;

1. D'Yverdon à Motiers, par la montagne, il y a cinq ou six heures de marche.
2. Il s'agit du mariage projeté.

c'est une perte dont je sens qu'on doit difficilement se consoler.

Je voudrois, ma trés bonne Amie, vous parler de moi ; non pas de mes maux pourtant : car dans quelque état que je sois désormais, le voyage du bon Papa est une bonne leçon qui me servira pour la vie ; mais de mes arrangemens pour l'avenir. Rien n'est décidé ; mon état ne me permet encore aucune resolution fixe. Je voudrois être en Ecosse mais il y a bien loin, et il y fait bien froid. D'ailleurs j'ai vu les Chambres de la Montagne, elles sont charmantes, je voudrois être vôtre hôte toute ma vie, je sens un vrai regret à m'éloigner de vous. Tout cela et d'autres raisons pour et contre me tient dans un état flotant dont je ne sais pas me tirer. En attendant la décision j'use de vôtre maison comme de la mienne, de vos meubles comme des miens. Il seroit tems, ce me semble, de vous mettre en régle sur ce point. Entrez de grace avec moi dans quelque détail sur l'habitation de vôtre maison que j'aurai l'année prochaine occupé deux ans, sur l'habitation de la Montagne en cas que je puisse m'y fixer comme je désire ; si non pour entrer au moins en compte de la dépense que vous y avez faite. Je serois bien aise encore de savoir, si je m'y transporte, quels de vos meubles vous me permettrez d'y transporter aussi, et cela doit faire encore une considération de plus pour le loyer. J'ai besoin, Madame, de compter avec moi-même, et c'est pour cela que je serois bien aise de prendre d'avance des arrangemens là dessus.

Autres importunités. Voici maintenant de nouvelles commissions dont je prends la liberté de vous parler qu'à condition que ces Messieurs ne s'en occuperont qu'à leur trés grand loisir, car rien au monde ne presse moins.

Premiérement je voudrois une rame de beau papier à lettres, mais beaucoup plus petit que celui-ci, et passant seulement la moitié d'un doigt ou deux : on y joindrait deux ou trois bons canifs et portefeuille de carton de médiocre grandeur.

Je voudrois quelque petite étoffe très légére pour un Caffetan d'été. Celui de camelot que vous avez eu la bonté de me faire faire est un peu gros et rude, il lime trop le Doliman de dessous, la doublure des devants est extrêmement grosse, et il a été estropié par le tailleur. Si c'est du camelot je voudrois qu'il fût doux et fin, et en le prenant gris, on prendroit aussi de la toile grise, mais très fine pour doubler les devants. Si c'est quelque autre étoffe légére de soye ou autre qui ne ronge pas la doublure, on pourra prendre un petit taffetas pour doubler les devants. La quantité d'étoffe doit répondre à peu près à une aune et deux tiers de drap.

Je voudrois faire fourrer encore deux bonnets l'un bien léger l'autre moins : mais je voudrois de belles fourrures et différentes. Les bonnets ne doivent point être fourrés en dedans. Si l'on a gardé ma mesure les bonnets peuvent être faits sur les lieux ; le choix de l'étoffe n'y fait pas grand chose. Sinon j'enverrai les bonnets tout faits : mais je ne sais ou prendre les commissionnaires des Verriéres. Je n'entends jamais parler deux.

Il me faudroit aussi deux ceintures de soye. L'une légére et pareille à celle que vous m'avez envoyée, l'autre double, de celles dont vous m'avez parlé. La couleur à vôtre choix.

Voilà bien des choses, Madame, mais qui ne sont pas absolument necessaires et que je puis même attendre cinq ou six mois sans inconvénient. J'y voudrois bien joindre aussi des pantoufles jaunes, mais on me les envoye toujours trop grandes; j'ai le pied extrêmement petit.

Mille pardons et respects premiérement à vous, Madame, et puis salutations et amitiés à la belle Madelon et à tout le monde qui vous appartient.

J'oubliois comme un étourdi de vous remercier du Caffé; mais vous ne me marquez point si comme M. Dastier[1] me l'avoit promis, il vous a aussi envoyé la note du prix et des frais et

---

[1]. Voir dans les *Confessions*, l. XII, l'histoire des relations de Jean-Jacques avec Dastier.

si vous avez eu la bonté de rembourser tout cela. Il est vrai qu'il y en a quatre livres qui ne sont pas pour moi, mais le reste a du être payé !

XV

A Madame

Madame Boy de la Tour, née Roguin, à Lyon.

A Motiers, le 19 9bre 1763.

Hier, Madame, j'ai fait remettre aux Rosselets un bonnet de bouracan sur la mesure duquel je vous prie de vouloir bien faire faire les deux autres. De ces trois bonnets j'en voudrois deux pour l'été savoir celui de bouracan sans fourrure garni d'un petit galon et d'une houpe d'or comme l'année dernière, un autre bordé dans la même largeur de petit-gris ou martre ou autre jolie fourrure légére; quant au troisième, je le voudrais de quelque drap leger comme silesie ou carcassonne doublé de quelque étoffe un peu chaude, et fourré aussi, mais non pas en dedans. Le tout ou gris ou couleur modeste et surtout point d'écarlatte. Je vous prie aussi de vouloir bien faire ajouter aux autres articles deux pièces de padou, l'une bleue et l'autre grise, quelques lacets de soye jaune pour des botines de maroquin et enfin un Manchon de femme un peu joli que je voudrois donner à Mlle le Vasseur pour ses étrennes. N'oubliez pas aussi, je vous supplie, d'ajouter à toutes ces commissions le Mémoire, afin que je compte avec moi, ne pouvant compter avec vous, à qui je dois tant de choses sans pouvoir m'acquitter en rien.

Je vous dirai là dessus qu'après toutes les dépenses que vous avez faites pour moi le loyer de dix écus par moi n'est pas même proposable Ce seroit de ma part une ingratitude monstrueuse de croire ainsi m'acquitter avec vous, et j'aimerois encore mieux vous être tout franchement redevable du tout et recevoir de vous l'hospitalité pleine et entiére que de paroitre payer mon loyer tandis qu'en effet je le payerois si mal. J'use vos meubles, j'ôte à d'autres l'usage de vôtre maison, je vous ai constitué en dépense à la montagne. Si tout cela n'entroit pas en ligne de compte, il vaudroit mieux encore ne point compter du tout, et que les obligations que je vous ai fussent authentiques au gré de ma reconnaissance si donc il est vrai que je ne sois pas de trop dans vôtre maison, faites moi de grace un parti plus acceptable.

Mon état me permet moins que jamais de me decider sur rien. S'il n'est pas meilleur au Printems je ne puis songer à de longs voyages. En ce cas mon arrangement est, sauf vôtre bon plaisir, d'aller faire un essai du séjour de la montagne, et si je vois qu'il me soit possible de m'y établir tout de bon, je le ferai. Il y auroit de l'imprudence à faire tout d'un coup cette transplantation sans s'assurer de pouvoir lever les difficultés qui s'y trouvent. Si cela ne se peut je continuerai d'occuper votre maison tant qu'elle ne vous sera pas necessaire desirant pourtant de savoir si trouvant dans le pays ou au voisinage quelque autre séjour plus convenable que celui de Môtiers dont l'air ne me convient pas, vous désaprouveriez que je cherchasse à m'y établir; car quoi qu'il put se présenter, soyez bien persuadée, ma très bonne amie, que de mes jours je ne veux entendre parler de faire chose au monde qui vous déplaise en quoi que ce puisse être.

Je vous prie de dire à Messieurs vos fils que le desir de faire connoissance entre nous est bien de ma part réciproque, puis-je être indifférent pour rien de ce qui vous appartient? Je souhaite de tout mon cœur que leurs affaires leur permettent de venir soit ensemble soit séparément prendre possesion de leur demeure. Quoique vous ne vouliez pas que je sois vôtre Concierge; c'est une fonction que je remplirai avec joye soit envers vous soit envers toute vôtre famille, si jamais j'ai le bonheur d'être dans le cas. Mille salutations, je vous supplie, à tous ces chers Enfans si dignes de vôtre attachement et par là si surs de tout le mien. J'ai appris que Mr Girardier a été malade, je vous prie de lui dire que je me réjouis de son rétablissement. Recevez les respects de Mlle le Vasseur et ceux d'un ami qui vous est attaché comme il le doit; c'est tout dire.

ROUSSEAU.

Je ne sais pourquoi vos lettres ne me viennent jamais en droiture; c'est peut-être parce que le mot de *Pontarlier* n'est pas tout au bas. Il faut que l'addresse se termine de cette manière:

A Môtiers Travers
par PONTARLIER.

Point de Manchon, s'il vous plait, j'en trouve un ici par occasion, mais je vous prie d'ajoûter à la place un bonnet de nuit de laine fine pour moi, et des plus grands, parce que j'ai la tête grosse.

On aurait besoin d'une demie livre de laine conforme à peu près à l'échantillon. Si cela se

On auroit besoin d'une demie livre de
laine conforme à peu près à l'échantillon.
Si cela se trouve aisément, je vous
trouve heureux, je n'ose, s'il vous plaît, pas presser.

*Fac-simile d'un fragment de lettre de J.-J. Rousseau
avec un échantillon de laine.*

trouve aisément, à la bonne heure, sinon l'on s'en passera.

———

XVI

A Madame

Madame Boy de la Tour, née Roguin, à Lyon.

A Motiers, le 18 X^bre 1763.

Je receus avant-hier, ma trés bonne amie, la caisse que vous m'annonciez par vôtre lettre du 2. Mais je n'ai point receu le petit pacquet à part contenant le padou et les lacets; je crains qu'il ne soit perdu, car les Rosselets sont d'une négligence inconcevable, et de quelque manière que je m'y prenne il m'est impossible de les voir ni à leur départ ni à leur arrivée ni même d'en savoir le tems. Il faut que vous ayez la bonté de ne leur plus confier pour moi de petits pacquets; mais d'attendre que le volume soit assés considérable pour ne pouvoir pas être oublié.

Le fuseau sur lequel étoit de la soye ne vient

point de moi, il s'est trouvé mêlé par hazard dans le pacquet du bonnet. Il vient des gens de la poste qui avoient prié les Rosselets de leur achetter de la soye semblable : comme ce sont de fort bonnes gens, je me suis chargé pour eux de cette commission espérant que parmi tant d'importunités vous me pardonnerez bien cette liberté de plus. Voici encore un autre échantillon de soye aussi pour eux. Ils souhaittent d'avoir une demie Livre de soie en tout, moitié d'une, moitié d'autre, qui soit blanche et luisante le plus qu'il se pourra, surtout la grosse. Vous pourrez joindre cette bagatelle à l'envoi des bonnets, ceintures, étoffes pour robbe d'été, etc., et Mlle le Vasseur qui vous prie d'aggréer son respect a besoin aussi de deux fers à repasser que je vous prie d'y joindre aussi enveloppés de manière qu'ils ne coupent pas l'étoffe à cause de leur pesanteur. A l'égard du Padou et des lacets jaunes, j'espère qu'ils se retrouveront sans quoi je vous prierois de vouloir bien m'en faire une nouvelle emplette.

Puisque vous voulez que sous prétexte de payer le loyer de vôtre maison, je l'occupe presque gratuitement, soit fait selon vôtre volonté. Ce seront donc seulement 40 francs dont je vous serai presentement débiteur outre le montant des derniéres commissions. J'ai pensé, Madame, que pour éviter de continuels envois et renvois d'argent vous pourriez toujours retirer à compte le produit de l'année échue des mille écus dont Messieurs vos fils ont bien voulu se charger, et si comme je le présume, ces cinquante écus ne suffisent pas, vous tireriez sur moi le surplus. Voyez, ma trés bonne Amie, si cet arrangement vous convient ou si vous en aimez mieux un autre, car, pour moi, cela m'est de la plus parfaite égalité.

J'ai toujours oublié de vous répondre sur ce que vous me marquiez que M. l'Abbé Pernetti vous disoit avoir vu sous presse un nouvel écrit de ma façon ; j'espére que vous et lui étes bien convaincus maintenant qu'il s'est trompé. Il est vrai qu'on imprime à Paris un recueil de mes ouvrages, mais ce recueil s'est entrepris sans mon aveu. Il est vrai aussi qu'on vient de publier à Paris sous mon nom une misérable guenille que tout le monde a connu d'abord n'être pas de moi. Une fois pour touttes, quand on vous dira que quelque ouvrage de moi sort de la presse, et que je ne vous en aurai rien dit, comptez que cela n'est pas vrai. Si jamais j'ai le malheur de me faire encore imprimer, vous ne l'apprendrez pas des autres, c'est vous qui le leur apprendrez.

L'hyver me tue, ma chére amie, je suis depuis deux mois dans le plus triste état; toutefois je ne renonce point à l'espoir d'aller essayer cet été du séjour de la montagne. Puisque je ne vous incomode pas dans vôtre maison, je ne songe point à la quitter, et soyez persuadée quoiqu'il arrive, que je n'en sortirai jamais qu'à regret. Mille amitiés à la chére famille et respects à la bonne maman.

ROUSSEAU.

Mémoire.

Ayant pris quelques instructions sur les fourrures, on m'a dit que les plus belles étoient aussi les plus durables; et qu'on les pouvoit transporter successivement à grand nombre d'habits sans que le poil se détachât. Ainsi j'aime mieux mettre quelque argent de plus et avoir une fourrure après laquelle je n'en aye plus dans la suite à acheter. Je souhaite surtout qu'il n'y ait aucun défaut ni au bout des manches, qui se retroussent, ni sur les bonnets.

Indépendamment de la robbe de bouracan, je voudrois savoir ce que me coûteroit la garniture d'une autre robbe, non fourrée en plein, mais bordée seulement de filets noirs, soit de martre, soit de lapin, soit de quelque autre fourrure noire, et si l'on ne pourroit pas m'envoyer ces filets, mesurés sur le tour de la robbe de bouracan, pour en faire ici border, une autre, sans avoir besoin de l'envoyer là-bas.

Ne pourrait-on pas trouver un tailleur entendu

qui sur la coupe de la robbe de bouracan put en tailler une autre de camelot ou de quelque autre étoffe de soye ou autre légére pour les chaleurs, et qui sut entretailler les piéces, de maniére à ne point dépenser d'étoffe plus que n'en a dépensé le tailleur Arménien. En ce cas ledit tailleur pourroit garder avec soin le patron pour me faire au besoin tous mes dolimans ou robbes de dessus. Quant à la couleur, le gris seroit à préférer ; mais je n'en excluds aucune que les couleurs vives que le soleil mange. Il faut aller au bon marché et à ce qui se coupe le moins sans avoir égard à ce qui est à la mode. Il y a même des rebuts de magazin qui sont piqués : cela est excellent pour moi.

J'ai deux ceintures, il m'en faut encore autant. Ne pourroit-on pas trouver quelque ceinture de soye tissue à rézeau comme les filets de pêcheur. Ce sont les plus belles et d'un meilleur usage. Au déffaut de celles-là, on acheteroit quelque étoffe de soye qui soit le moins sujette à se couper et qui ait un peu de consistance comme par exemple, pou de soye ou autre semblable au défaut de quoi l'on pourroit prendre un croisé ou serge de soye, quoiqu'un peu trop mince pour ceinture. Chaque ceinture doit avoir deux aulnes et demie de long et comme on les plisse en écharpes, il faut leur laisser toute la largeur de l'étoffe ; aux deux bouts de chaque ceinture on attache une frange large de quatre doigts, et il manque aussi à chaque bonnet une houpe de la même couleur.

XVII

A Madame

Madame Boy de la Tour, née Roguin, à Lyon.

A Motiers, le 19 Fév[er] 1764.

J'apprends, ma trés bonne Amie, par M. Boy de la Tour, vôtre associé que vous jouissez d'une parfaite santé ainsi que toute vôtre aimable famille à qui je vous prie de faire mes salutations. Il ne m'a pas moins rejoui par tout ce qu'il m'a dit de vôtre amitié pour moi, dont à la vérité, vous me donnez tous les jours mille preuves, mais on n'a jamais trop d'assurances d'un bien qu'on tient aussi précieux. M. Boy m'a remis avec vôtre lettre le billet dont il s'était chargé et je lui ai remis selon vos ordres celui que j'avois auparavant. Vous avez oublié de compter dans le petit Mémoire les 40 £ de l'année courante ainsi que je vous en avais prié; ce seront donc 40 £ à déduire à la fin du terme sur la somme portée dans la promesse.

J'ai receu aussi tous les envois bien conditionnés; vous avez autant d'exactitude que moi d'importunité; c'est tout dire. Il est temps de laisser un peu reposer : Cependant pour qu'il ne soit pas dit que vous soyez jamais quite de moi, je vous préviens qu'à la fin de l'Eté la caisse de chandelles que vous eutes la bonté de m'envoyer l'hiver dernier sera finie. Ainsi quand en faisant vos emplettes vous pourrez m'en pourvoir d'une autre pareille, je vous serai fort obligé. J'ai pensé qu'en vous le disant ainsi longtems à l'avance, c'étoit vous laisser attendre l'occasion avec moins d'incomodité.

Je ne perds point de vue l'habitation de la Montagne ; mais pour commencer à me bien mettre au fait des inconvéniens et des avantages, je commencerai par y aller camper quelques jours sans un grand transport de meubles ; après cela nous verrons ce qui se peut faire ; au reste il ne faut pas songer de trois ou quatre mois, il faut attendre les chaleurs. Quoique je devienne et en quelque lieu que j'habite, soyez bien sure, ma trés bonne Amie, que je ne serai jamais nulle part d'aussi bon cœur que chez vous. L'heure presse il faut finir. Recevez les respects de Mlle Le Vasseur, et ceux de vôtre véritable ami pour la vie.

ROUSSEAU.

XVIII

A Madame

Madame Boy de la Tour, née Roguin, à Lyon.

A Môtiers, le 29 Avril 1764.

Ne montrez cette lettre, S. V. P. à personne. Mais vous pourrez me nommer, si vous jugez à propos, quoique j'en aye dit dans la lettre, car je ne veux me cacher de rien.

Quelqu'un, ma bonne Amie, qui ne veut pas être nommé, vient de me donner un avis qui n'est pas fort important; mais comme il intéresse Messieurs vos fils comme proprietaires de cette maison, et que rien de ce qui peut intéresser vous ou les vôtres n'est indifférent pour moi, je me hâte de vous en donner ce mot d'avis, que vous ne recevrez que pour ce qu'il vaut.

M. Du Terreaux[1], Maire des Verriéres, a fait

---

1. Jean-Jacques en parle dans ses *Confessions* comme d'un « ennemi particulier » (l. XII, note). Le conseiller

comme vous une maison qui n'est séparée de la vôtre que par le grand chemin. On prétend qu'il veut faire après coup dans le dehors de ce bâtiment un escalier qui prenant sur la largeur du chemin rendra le contour plus difficile aux voitures pour entrer dans vôtre grange, et ce contour deviendrait même impraticable, si, rebatissant vôtre maison, on vouloit la porter jusqu'à la borne de vôtre terrein. L'entreprise de M. du Terreaux a besoin de l'aveu de la communauté, et l'on prétend qu'au moment même que j'écris ceci il en fait la proposition à l'assemblée après avoir pris des mesures pour qu'on ne le refusât pas. Il parait que cette entreprise portant préjudice à vôtre maison vous met en droit de vous y opposer. C'est à vous à voir si l'objet en vaut la peine. En ce cas il en faudroit écrire à M. d'Ivernois, Procureur général ou à

Chaillet d'Aruex étant mort le 6 août 1765, M. du Terraux sollicita la place de conseiller. Mais, sur le rapport de Milord Maréchal que « du Terraux n'est pas bon et ne mérite pas de faveur », la supplique fut refusée. (A. Jansen.)

M. Martinet, chatelain du Val de Travers, et peut être à tous les deux; il ne faut pas me nommer parce que cela ne feroit que gâter l'affaire, et que je ne puis moi-même nommer personne. Je ne vous conseille pas, non plus, de donner commission de suivre cette affaire à personne, car Mlle votre belle sœur est très bien avec M. du Terreaux, et celui qui fait vos affaires étoit fort brouillé avec lui, mais on les dit racomodés depuis deux jours; il n'y a point ici de brouilleries qui tiennent devant le moindre intérest, et les gens du pays sont tous bons chrétiens par la bourse. Écrivez donc vous même, à tout événement. Si l'avis est vrai, l'opposition doit se faire avant que la besogne soit en train; si l'avis est faux tout est dit; encore un coup, ceci ne me semble qu'une vétille mais c'est à vous d'en juger, et il est bon d'être avertie à tems.

Je vous envoye, ma bonne amie, mon Addresse que je vous prie de suivre exactement quand vous m'écrirez. Vos lettres sont sujettes à faire un grand détour par Neufchâtel, précisément parce que l'addresse en est trop chargée ; il la faut comme celle-ci ni plus ni moins, parce que j'ai un arrangement avec le Directeur des postes de Pontarlier. Pardonnez mon barbouillage mais au moment que j'écris je ne suis pas à moi et je suis forcé de finir à la hâte, en vous saluant vous et vôtre famille de tout mon cœur.

Depuis ma lettre écrite une trentaine de communiers, parmi lesquels étoient M. Clerc, sont venus examiner la place conduits par M. du Terreaux, mais plusieurs opposans n'ont pas voulu les suivre ; ainsi il est à présumer que quand même vous ne feriez aucune démarche l'affaire ne passeroit pas aisément. Cependant je vous conseille toujours d'écrire si vous jugez que l'affaire en vaille la peine ; car le Maire se donne de grands mouvemens pour en venir à bout.

XIX

A Madame

Madame Boy de la Tour, née Roguin, à Lyon.

A Môtiers, le 2 Juin 1764.

Votre silence, Madame, commence à me surprendre et à m'inquiéter. Je n'exige pas dans le commerce plus d'exactitude que je n'y en peux mettre moi-même. J'ai attendu sans impatience un mois, deux mois, trois mois. Dans cet intervalle je vous donne un avis que je crois utile aux intérêts de vôtre maison. Tout le monde ici parle de cette lettre; j'en reçois des reproches; M. et Mad° du Terreaux ne me parlent ni ne me saluent plus: et de vous pas un mot! Vous savez l'affliction où me plonge la mort de M. de Luxembourg[1] : pas un mot.

---

1. Cette mort lui donne occasion, dans ses *Confessions*, d'affirmer son antipathie pour les médecins : « M. de Luxembourg, après avoir été tourmenté longtemps par les médecins, fut enfin leur victime, traité de la goutte, qu'ils

Que signifie donc un silence aussi opiniâtre? Pardonnez, Madame, à ma franchise; mais je n'y reconnais ni vôtre bon cœur, ni vôtre amitié pour moi. Il faut qu'il soit parvenu

ne voulurent point reconnaître, comme d'un mal qu'ils pouvaient guérir. La perte de ce bon seigneur me fut d'autant plus sensible, que c'étoit le seul ami vrai que j'eusse en France; et la douceur de son caractère étoit telle qu'elle m'avoir fait oublier tout à fait son rang, pour m'attacher à lui comme à mon égal. »

Il écrit à M. de la Roche :

« Que m'apprenez-vous, monsieur? Quel événement? Je ne m'attendais à rien de semblable, et je n'imaginais pas que mes malheurs pussent augmenter encore. Je sens la douleur de madame la maréchale par la mienne, mais les consolations ne lui manquent pas; et moi, délaissé de tout le monde, je reste seul sur la terre, accablé de maux, sans amis, sans ressources, sans consolation. Il m'en reste une seule, qu'heureusement les hommes ne sauraient m'ôter : la paix de l'âme et l'espoir d'une meilleure vie. Ma patience est à l'épreuve de toutes ses afflictions, puisque celle-ci ne me l'a point ôtée. Adieu, Monsieur; dans le triste soin que vous venez de remplir envers moi, je suis touché que vous ne m'ayez point oublié : apprendre une si grande perte, uniquement par la voix publique, eût été une preuve trop cruelle que je ne tiens plus à rien dans cette illustre maison que j'ai vue si florissante et où je fus si fêté. Quels heureux temps, et quels changements! Mon cœur navré se déchire à ces souvenirs. »

quelque chose de bien extraordinaire que j'ignore et dont vous devriez bien m'informer.

J'apprends à l'instant que vous avez été malade. Donnez-moi ou du moins faites-moi donner de vos nouvelles. Il est bien cruel de n'en apprendre de ses amis que par les gens qui le sont le moins.

XX

A Madame

Madame Boy de la Tour, née Roguin, à Lyon.

A Môtiers, le 7 Juillet 1764.

Votre derniere lettre, ma bonne amie, m'a fait d'autant plus de plaisir que vôtre état précédent me tenait inquiet sur vôtre convalescence ; il est vrai qu'on m'avait déjà rassuré à Yverdun ou j'ai été faire un tour, mais j'avais besoin de savoir par vous même que vous étiez bien rétablie : vous me croyez fâché, et de quoi? Sans doute de recevoir des preuves trop continuelles de votre amitié? Il n'y avait que la chaleur de la mienne pour vous qui me tint inquiet sur vôtre silence. Soyez persuadée une fois pour toutes, ma bonne amie, que mon attachement pour vous est à toutes les épreuves auxquelles je sais bien que vous ne le mettrez pas, et tout ce que j'ai à vous reprocher c'est d'avoir fait par trop de bontés pour moi que des sentimens dont je voudrais avoir tout le mérite me sont devenus un devoir. Mais ce devoir me sera toujours doux à remplir.

Je comptois répondre à l'obligeante Lettre que Monsieur vôtre fils m'a fait l'amitié de m'écrire, mais les lettres et les visites qui me pleuvent et les tournées que le bien de ma santé et le soin d'échaper aux importuns me prescrivent m'en otent le loisir en ce moment. J'ai ici quatre cents Livres appartenantes à Mlle le Vasseur et dont elle n'a pas besoin pour le présent. Si vos Messieurs vouloient bien s'en charger je les remettrois à M. Boy à son passage. Un mot là-dessus, s'il vous plait, à votre loisir.

Je voulois aller m'établir à la Montagne et profiter des dépenses que je vous ai causées; mais mille inconvéniens trop longs à décrire me forcent de renoncer à ce projèt. Il m'est aussi confirmé par l'expérience que l'air de Môtiers quoique bon et sain par lui-même m'est contraire; puisque je m'y porte toujours mal; et toujours mieux en voyage. Une expérience constante m'apprend que les bords du lac me conviennent mieux, et je cherche quelque habitation dans le bas pour l'année prochaine[1]. Je ne puis vous exprimer avec quelle répugnance je quiterai vôtre maison qui m'est si chére; mais je suis bien sur que l'objet de cette

---

1. C'est en cherchant une maison à louer au bord du lac qu'il fut conduit par d'Ercherny à Cessier chez Dupeyron où on le contraignit de dîner et où il fut si maussade « parce qu'on l'avait trompé ». On lui avait dit qu'il visiterait une habitation disponible, et il y trouvait le dîner servi. Il fit ce jour-là bien du bruit pour une omelette.

démarche la rendra pardonnable auprès de vous.

J'ai appris à Iverdun que l'aimable Madelon daignoit se souvenir de moi et demander si je me souvenois d'elle? Elle a mis bon ordre à n'être pas oubliée, et je sais qu'elle vous aime trop pour oublier vos amis. C'est à ce titre précieux que je me présente à elle pour lui demander la continuation de son amitié. Je serois bien aise aussi de savoir comment je suis avec ma petite tante Julie. On a parlé d'elle avec sa tante Émilie, et je suis bien sur que sans faire semblant de nous entendre elle eut fait trois sauts si elle nous eut entendus

J'aurai soin de répondre au Libraire dont vous m'avez fait passer une lettre. Mille salutations à tout ce qui vous intéresse et recevez, ma bonne amie, celles de ma tendre amitié. Mlle le Vasseur vous supplie d'agréer ses remercimens très humbles et ses respects.

ROUSSEAU.

J'ai été passer trois jours chez vôtre amie

Madame de Luze [1] : c'est une très aimable femme. Je suis enchanté de son accueil et de toute sa maison.

XXI

A Madame

Madame Boy de la Tour, né Roguin, à Lyon

A Môtiers, le 25 Août 1764.

J'ai eu, ma bonne amie, le plaisir de recevoir votre derniére Lettre à Yverdun où tout le monde se portoit bien ; j'ai voulu continuer delà mon voyage pour Aix à cause d'une Sciatique naissante, mal bien funeste pour un homme qui n'a de soulagement et de plaisir que la promenade ; mais arrivé jusqu'à Thonon, il a fallu rebrousser, et depuis l'instant de mon retour j'ai été la proye de continuelles souffrances qui me forceront probablement, malgré l'embarras et la répugnance, de déloger avant

1. Son mari était banneret de Neuchâtel.

l'hiver, puisqu'il est confirmé par mille expériences qu'il m'est impossible de jouir ici d'un instant de santé. Cela ne doit pas vous empêcher, ma bonne amie, de m'envoyer la caisse de chandelle si vous voulez bien en prendre la peine : on n'en trouve que d'infame dans tout pays.

On dit ici, ma bonne Amie, que vous y viendrez cet Autonne ; vous ne m'en avez rien marqué. Il seroit dur que celui à qui cette nouvelle feroit le plus de plaisir fut le dernier à le savoir. J'espère qu'en pareil cas vous ne ferez pas à vôtre hôte l'affront de prendre un logement hors de chez vous, et que vous souffrirez, du moins pour ce moment-là, que vôtre ami devienne vôtre concierge.

Mlle le Vasseur vous assure de son respect et vous remercie de vos bontés. Elle s'en prévaudra lors du passage de M. Boy de la Tour vôtre associé. Mille salutations je vous supplie à toute l'aimable famille et recevez celles que je vous fais de tout mon cœur. Je voudrois vous écrire plus au long, mais mon état et les lettres dont je suis accablé m'en empêchent pour le moment. Je me dédomagerai avantageusement si j'ai le plaisir de vous voir ici.

ROUSSEAU.

XXII

A Madame

Madame Boy de la Tour, née Roguin, à Lyon.

A Môtiers, le 28 8bre 1764.

Après bien des tournées dans le pays, ma très bonne amie, je suis revenu dans vôtre maison, et je vous assure que malgré les inconvéniens, tant que je ne vous y serai pas importun, j'y resterai aussi longtems qu'il me sera possible, n'abandonnant pas même le projet d'essayer de Pierre-nou; mais je suis lié par tant de choses que je ne me transplante pas comme je veux.

Nous avons ici M. Girardier. Je ne puis manquer de voir avec plaisir quelqu'un avec qui je puisse parler de vous. Je crois M. Girardier un fort galant homme et remplissant trés bien ses devoirs; mais je ne puis vous taire que le ton de sa conversation n'annonce pas des mœurs fort exemplaires et cela me fait trembler pour celles de Messieurs vos fils. A moins qu'il ne s'observe extrémement avec eux, ils sont là à une terrible école. Prenez y garde, bonne Mère; vos enfans sont perdus si vous ne les surveillez pas. Je remplis envers vous des soins qui me peinent, mais l'amitié m'en fait des devoirs.

J'ai receu l'envoi que vous avez eu la bonté de me faire. L'huile comme vous m'en m'aviez prévenu est arrivée en très mauvais état; ce qu'il en reste est à peine mangeable, et c'étoit d'excellente huile d'Aix. Je sais, trés chère amie, qu'il n'y a point de vôtre faute à ce qu'elle a souffert par la chaleur avant de vous parvenir, et je ne vous en suis pas moins obligé de la peine que vous avez prise. Si vous voulez bien m'envoyer la note du prix des Chandelles pendant que M. Girardier est ici, je lui en remettrai l'argent. Sinon vous aurez la bonté d'en faire déduction ainsi que du Loyer sur ce qui est entre les mains de Messieurs vos fils.

M. d'Escharni[1] m'a marqué qu'il vous avoit vue avant son départ; comme sa lettre est venue ici durant mon absence et qu'il m'écrivoit qu'il partoit dans peu de Paris, je n'ai pas eu le tems de lui répondre, jugeant que ma lettre ne le trouveroit plus.

J'aurois souhaité d'aller tenir compagnie au Papa pour tâcher de le distraire sur la perte de M. le Banneret[2] que j'ai bien sentie aussi pour

---

1. D'Escherny, ami de Jean-Jacques à Motiers, et grand marcheur. Il a conté dans ses *Mémoires* les excursions qu'il fit pédestrement en compagnie du philosophe à travers les sites pittoresques des environs, par Colombier, la Tourne, Plamboz, la Sagne, le Locle, la Chaux-de-Fonds, etc.

2. Parent du vieux Roguin. Jean-Jacques et lui étaient en désaccord. Voir dans les *Confessions*, t. XII, 1765, une note qui lui est consacrée. Le banneret avait contribué à faire expulser Jean-Jacques de l'État de Berne.

ma part; mais l'effet ordinaire de ma destinée qui me livre au premier venu et me tient sans cesse en esclavage m'a forcé d'abandonner ce projet. Me voici terré pour tout l'hiver dans mon état ordinaire, c'est-à-dire enfermé dans ma chambre et souffrant jusqu'aux beaux jours, si tant est qu'il en revienne pour moi.

Je suis fâché, chére amie, que vôtre lettre en détruisant l'espérance qu'on m'avoit donnée, ne me laisse qu'à demi celle de vous voir ici ce printems. Si vous vous déterminez, faites-moi l'amitié de me le marquer un peu d'avance afin que je ne me trouve pas absent lorsque vous viendrez; car je serois trop jaloux et mortifié que Mlle le Vasseur eut seule l'avantage de vous recevoir dans vôtre maison. J'espère aussi, qu'en pareil cas l'aimable Madelon seroit du voyage, et je crois que vous pardonnez bien qu'elle ait sa part à mon empressement.

Bonjour, ma trés bonne amie, mille salutations à tout ce qui vous appartient. Je suis trés sensible au souvenir de M. Boy et même je ne puis m'empêcher de vous dire sans avoir au surplus l'honneur de le connoitre que je lui trouve un ton bien plus décent qu'à M. Girardier. Je confie à vôtre prudence tout ce que l'intérest que je prends à vos enfans me fait un devoir de vous dire.

ROUSSEAU.

Recevez les remercimens et les respects de Mlle le Vasseur.

XXIII

A Madame

Madame Boy de la Tour, née Roguin, à Lyon.

A Moties, le 18 9bre 1764.

Permettez, chére amie, qu'en vous réiterant mes excuses de tant d'importunités, je vous recommande les papiers que pourra vous addresser M. Buttafoco, vous priant de me les faire passer par la voye la plus prompte et la plus sure qui pourra se trouver. Ces papiers ont un objet respectable et vous ferez une bonne œuvre.

Autre grace que j'ai à vous demander. Il s'agit de quelque petit cadeau à faire à ma filleule âgée d'environ trois ans fille du Libraire Rey d'Amsterdam, mon Compére et mon ami. Je voudrois envoyer à cet enfant quelque joli bonnet ou autre nippe convenable à une fille de cet age [1], j'y voudrois joindre quelque petite galanterie pour la Mére et pour la Marraine, comme sac à ouvrage, ou gants ou eventail,

---

1. On connaissait déjà quelques lettres de madame Boy de la Tour à Jean-Jacques ; mais qui n'entend qu'une cloche n'entend qu'un son et peut se tromper, même si c'est une cloche de baptême. C'est ce qui est arrivé à M. Berthoud, (*Jean-Jacques Rousseau au Val-de-Travers*, p. 77) quand il suppose que Rousseau fut parrain à Motiers en 1764. C'est une erreur. Il est vrai que Rousseau fit cette année-là un cadeau à une filleule, mais cette filleule avait déjà trois ans, habitait Amsterdam, et était fille du libraire et ami de Jean-Jacques, nommé Rey.

ou autre petits colifichets de Mode que vous imaginerez mieux que moi ; de manière que ces petits présens, le plus joli fut étiqueté *pour Madame Rey* et l'autre qui ne doit pourtant être guére inférieur *pour Mademoiselle du Moulin*. Le mal est que je voudrois bien que la valeur de tout cela ne passât pas de beaucoup cent francs ou cinq Louis. Marquez-moi de grace si pour pareille bagatelle on peut envoyer quelque chose de présentable, car pour de la guenille, il vaut mieux ne rien envoyer. Supposant que ce petit Cadeau puisse avoir lieu, il s'agiroit ensuite de faire de tout cela une boite ou petit emballage bien conditionné, et de voir si vous pourriez trouver quelque voye pour l'expédier *à Amsterdam A Monsieur M. M. Rey, Libraire* en payant le port de sorte que le pacquet lui arrive franc. Si vous n'avez point à Lyon d'occasion pour cela je vous indiquerai une adresse intermédiaire d'où je me chargerai de l'envoi. S'il n'y a point d'obstacle à tout cela vous pourrez à vôtre comodité faire l'expédition lorsqu'elle sera prette en m'en donnant avis[1] afin que j'en prévienne M. Rey.

Comme on dit les langues de Neufchatel un peu moins mauvaises que celles d'ici (du moins les salées) j'en ai commandé trois ou quatre que je prierai M. Girardier de vous porter s'il veut ou peut s'en charger. Je vous demande pardon, chére Amie, de n'avoir rien de meilleur à vous

---

1. Voici la réponse de madame Boy de la Tour : « Pour répondre à votre chère lettre du 18, je vous dirai que j'ai couru les boutiques pour chercher ce qui conviendrait le mieux pour les présents que vous voulez faire. Pour la filleule, une coiffe, des petites manches, le collier; nous les aurons fort honnêtes pour trente livres. Pour la mère et la marraine, j'ai vu de très jolies bourses d'ouvrage, brodées en or, depuis vingt livres jusqu'à trente livres; un éventail honnête et très présentable, aux environs de quinze à seize livres. Je crois que pour les dames il faut s'en tenir à ces deux articles, qui conviennent beaucoup mieux que des choses de mode de ce pays qui ne conviendraient pas au leur. Je ferai en sorte que le tout ne passe pas six louis d'or. Nous avons reçu un paquet de papiers pour vous. J'attends une occasion solide pour vous les faire passer. M. Regulia, libraire (a), doit vous aller voir incessamment, je les lui remettrai. »

(a) Probablement celui que Rousseau nomme Réguillat et qui devait diriger l'édition neuchâteloise de ses œuvres.

envoyer, mais c'est comme vous savez, la seule marchandise qu'un étranger trouve en ce pays.

Recevez mes tendres salutations, chére et bonne amie, et faites-les agréer, je vous supplie à tout ce qui vous appartient.

ROUSSEAU.

Si les cinq Louis ne suffisent pas pour nos colifichets, vous pouvez aller jusqu'à cinquante écus ; mais ne passez pas, je vous prie.

XXIV

A Madame

Madame Boy de la Tour, née Roguin, à Lyon.

A Motiers, le 20 Janv^r 1765.

Mille remercimens, trés chére amie, et de vos dons et de vos soins. Vos attentions continuelles me sont bien précieuses ; mais je les reçois avec autant de confusion que de reconnaissance, et je me rassure uniquement dans l'espérance que vôtre indulgence couvre mon indiscrétion. L'envoi pour la hollande me paroit très bien choisi et à très bon compte ; il faut que vôtre amitié ait été bien alerte pour trouver sitôt et si bien l'occasion. Que vous dirai-je sur la peine que vous avez prise d'écrire à Naples? Mon cœur parle, tout autre langage en dit trop peu. Il est naturel que je vous doive la conservation d'une vie que vous contribuez à me rendre chère.

Votre prochain voyage ici n'est plus un secret depuis fort longtems. Je ne l'ai dit à personne, mais beaucoup de gens me l'ont dit. Je n'ai pas besoin, je crois, de vous exprimer le plaisir qu'il me cause, et ce plaisir seroit bien plus vif encore si j'étois plus sur d'en pouvoir profiter. Mais dans l'abyme de maux où je suis plongé, dans la dépendance où je suis de toutes choses, dans l'incertitude de ma santé, dans l'embarras des multitudes de visittes qui me menacent, à peine puis-je répondre de moi d'un jour à l'autre. Qui sait si je ne seroi point forcé de me dérober pour respirer, pour dégonfler dans la solitude mon cœur étouffé d'ennuis. J'espère pourtant que je vous verrai, de maniére ou d'autres, et surement je n'épargnerai rien pour me procurer ce plaisir. Du reste, quoi qu'il arrive, vous trouverez toujours ici vôtre maison pour y loger, mon petit ménage pour en faire le vôtre, et Mlle le Vasseur pour vous servir.

Vous m'avez fait un vrai plaisir de me donner des nouvelles de M. Cornabé. Je suis charmé qu'il se souvienne de moi, pour moi je ne l'oublierai de ma vie. Il m'a vu dans mes beaux jours. Hélas! les tems sont bien changés. Faites lui mille amitiés de ma part, je vous supplie.

J'en fais de tout mon cœur à toute vôtre famille. Recevez les respects de Mlle le Vasseur, et les assurances du plus tendre et du plus constant attachement de la part de vôtre véritable ami.

ROUSSEAU.

XXV

A Madame

Madame Boy de la Tour, née Roguin à Lyon.

A Motiers, le 17 Févr 1765.

J'ai receu, ma bonne amie, par Madame Girardier un étui trés bien soudé et que j'ai eu grand peine à défaire. Par ce que j'y ai trouvé je juge qu'il y eu quelque quiproquo. Le mal est fort petit ; j'ai trés heureusement recouvré d'un autre côté ce dont j'avais besoin sur cet article, et comme ce ne sont pas là des commissions de femme, je n'aurois assurément pas pris la liberté de vous en charger si vous ne l'aviez prise sans m'en rien dire. Vous voudrez bien ajoûter cet article de dépense au mémoire de vos avances que j'espére solder avec vous à vôtre voyage.

Parlons un peu de ce voyage, chére amie, je voudrois bien que vous me prévinssiez assez sur vos arrangemens pour faire les miens de maniére à vous recevoir ici moi-même, et à y passer quelques jours auprès de vous. Je sens quoiqu'avec peine que je serai forcé de quitter vôtre maison ne pouvant plus durer à Môtiers. Le plaisir d'y être vôtre hôte m'y a retenu près de trois ans; que quelque autre honnête étranger y demeure autant, puis qu'il en dise des nouvelles. J'ai eu jusqu'ici le bonheur d'être aimé et regretté dans tous les lieux où j'ai demeuré. Pour jouir ici du même avantage il faut sans doute des qualités qui me manquent et que je ne suis pas curieux d'acquérir.

Par la derniére lettre du Papa j'ai su qu'il se portoit bien et n'avoit aucun ressentiment de sa goute. Il a pris la peine de m'addresser de la part de vos chéres sœurs sur mon dernier ouvrage une grave réprimande dont il auroit pu mieux choisir le tems, et qui ressemble assez à celle du Magister, qui prêche l'enfant tandis qu'il se noye.

Mille salutations à toute vôtre famille et recevez, trés chére amie, les miennes de tout mon cœur et les respects de Mlle Le Vasseur en attendant le moment de contenter nòtre impatience[1].

ROUSSEAU.

XXVI

A Madame

Madame Boy de la Tour, née Roguin, à Lyon.

A Motiers, le 21 Avril 1765.

Je comptois, ma bonne amie, vòtre convalescence bien plus avancée et j'espérois avoir le

---

[1]. Le 28 février suivant, il écrit à M. Roguin cette lettre qui relie la précédente à la suivante : « Je crois, cher papa, que vous connaissez assez mon état dans cette saison, et ma situation dans ce moment, pour me pardonner quelque inexactitude à vous écrire. Puisque toute occupation agréable m'est interdite, vous pouvez bien croire qu'on ne me laisse pas celle-là. J'apprends avec autant de chagrin que de surprise que votre goutte vous fait garder la chambre depuis trois mois. Sur votre silence à cet égard, je vous en croyais quitte pour cette année, et j'en avais même écrit sur ce ton-là, à madame Boy de la Tour. Je suis bien tristement désabusé, et le rhume encore au par-dessus ! En voilà beaucoup, cher

plaisir de vous voir bien plus tôt que vous ne me l'annoncez. Cependant puisque vous suppor-

papa ; mais la saison dont nous approchons me console un peu et me fait espérer que vous serez bientôt délivré de votre prison. La mienne dure depuis quatre mois et demi, sans que j'aie mis le pied dans la rue, si ce n'est la semaine dernière que je sortis un moment pour aller voir un malade, visite dont je me suis fort mal trouvé.

» Bien des remerciements à mesdemoiselles vos nièces de la réprimande que vous avez pris la peine de m'adresser de leur part. J'en ferai mon profit, je vous jure, et celui qui me verra reprendre la plume peut m'assommer tout à son aise sans que je m'avise de regimber. Je prendrai cependant la liberté de leur dire que, loin de chercher la fumée, je voulais au contraire éviter le feu. Si, lorsque l'on tâche de défendre son honneur, sa liberté, sa vie, elles appellent cela être philosophe, je suis philosophe, il est vrai, comme bien d'autres ; et vous-même, tout grave et posé que vous êtes, si vous sentiez les tisons d'aussi près, vous seriez peut-être aussi philosophe, c'est-à-dire aussi sémillant que vous me trouvez. Mais les dames mettent leur gloire à n'avoir pas grand'pitié des misérables ; faites pour nous tenir dans leurs fers, elles lancent des feux et des flammes, trouvent mauvais qu'on refuse d'être brûlé, n'approuvent pas que nous osions vouloir être libres, et quelque petite prise de corps ne leur paraît pas valoir tant qu'on s'en défende.

» Il n'y a pas un mot de vrai dans tout ce que vous a marqué M. Boucquet, sur une prétendue édition de mon livre, faite à Paris avec des cartons. Il ne s'y en débite

tez le lait, je ne doute pas qu'il n'achève en peu de tems votre entier rétablissement, et je me

point d'autre que la mienne, et il n'y a point d'autres cartons que ceux que j'ai fait faire moi-même à Amsterdam pour corriger de grosses fautes que je n'ai pu voir qu'après coup. Ces cartons sont à tous les exemplaires sans exception, et ceux qui se débitent à Paris sont exactement semblables au vôtre, ni plus ni moins. Ce bruit est une petite ruse de ces messieurs, mais elles ne s'en sont pas moins débitées. Je sais depuis longtemps que ces messieurs du pays de Vaud ne peuvent pardonner à la bourgeoisie de Genève d'oser défendre un reste de liberté qu'ils n'ont plus. Ils sont comme le renard à qui l'on avait coupé la queue, et qui voulait qu'on la coupât à tous les renards. Pour moi, malgré leur colère, et n'en déplaise à mesdemoiselles vos nièces, je veux tâcher de conserver la mienne jusqu'à la fin.

» Vous savez, très cher papa, avec quel empressement je reçois tout ce qui se renomme de vous. Ainsi, MM. de Muisseck en feraient une épreuve assurée quand leur propre mérite ne leur servirait pas de passeport. La reconnaissance que je dois à M. Tscharner, et l'estime qui lui est due par tout le monde, sont encore des titres que je n'oublierai pas en le recevant. Quoiqu'à ne vous rien dissimuler, je trouve que ces messieurs ressemblent un peu aux moines qui, séparément, sont les meilleurs du monde, et tous ensemble, ne valent pas le diable.

» Bonjour, papa ; mes hommages à tout ce qui vous appartient.

» On m'apprend dans l'instant que madame Boy de la

console d'un retard qui peut me mettre plus en état de profiter du plaisir que je me promets auprès d'une si bonne et si chére amie, que je ne pourrois l'être aujourd'hui où mes maux empirés me tiennent renfermé et me rendent tout commerce presque impossible.

Monsieur votre fils est un aimable jeune homme et il ne m'a fallu nul effort pour etendre à lui l'attachement que j'ai pour sa bonne mére. Je suis fâché de l'avoir trop peu vu pour cimenter une si bonne connoissance, j'espére la former plus à loisir une autre fois, et vous ne doutez pas que je me flatte du plaisir que j'aurai toujours de vivre avec tout ce qui vous est cher.

Les petites tracasseries que la prêtraille d'ici m'a suscitées sont finies grace au Ciel, grace à la protection du Roy, aux bontés de Mylord Mareschal[1], et aux bons amis que j'ai trouvés

---

Tour a été malade, j'en suis en peine. Si vous avez de ses nouvelles, je vous prie instamment de m'en donner.

1. Dans une lettre de Milord Maréchal au ministre Finkenstein (Potsdam, 20 mai 1763), on lit : « Le très digne

dans ce pays, entre autres M. Chaillu qui m'a bien prouvé dans cette occasion combien il était le vôtre. Quoique je ne sache encore si je resterai dans ce pays, je suis bien déterminé du moins à y rester jusqu'à vôtre voyage. Je ne me consolerais pas, ma bonne amie, d'en partir pour longtems sans faire mes adieux en personne à tous les mêmes bons amis qui m'y reçurent. Recevez, en attendant, tres chère amie, pour vous et pour toute votre aimable famille les tendres salutations de votre fidelle amie, et les respects empressés de Mlle Le Vasseur.

ROUSSEAU.

Sacrogorgon (Montmollin) a assuré les gens que Jean-Jacques était réellement l'Antéchrist en personne et il dit aux femmes que Rousseau avait écrit qu'elles n'avaient point d'âme. » Les petites tracasseries étaient peut-être finies, mais les gros ennuis allaient venir.

XXVII

A Madame

Madame Boy de la Tour, née Roguin, à Lyon.

A Motiers, le 5 May 1675.

J'espére, ma trés bonne amie que votre parfait rétablissement vous mettra en état de satisfaire en ce pays l'impatience qu'ont vos amis de vous y voir, et je vous assure que cet espoir tient bien sa place parmi les raisons qui me retiennent ici. Dans cette attente, comptant sur votre prochain départ, je profite de vos obligeantes offres pour vous prier de vouloir bien m'apporter une autre ceinture pareille à celle que vous avez mise dans l'envoi addressé à à Madame Girardier. Comme cet envoi n'est pas encore arrivé, que je ne sais quand il arrivera, et que je ne saurois me passer plus longtems de ceinture, celle là ne sera pas de trop même avec l'autre. Ne sauriez-vous point aussi, ma chére amie, si les petits envois que vous avez faits pour mon compte en Hollande y sont arrivés ? Comme M. Rey ne m'en parle point dans ses lettres je présume qu'il ne les a pas encore reçeus.

Je suppose que Monsieur vôtre fils est parti en bonne santé pour l'Italie, et j'attends avec empressement des nouvelles de son heureux voyage, car je prends à lui le plus véritable intérest et pour vous et pour lui-même qui m'en paroît très digne. Bon jour, ma trés bonne amie, mille salutations à toute la chére famille, je compte les jours avec impatience jusqu'à celui de nous revoir.

ROUSSEAU.

Monsieur Boy de la Tour, votre associé m'a paru un fort galant homme, et honnête en toute chose. Mais je ne puis m'empêcher de vous dire qu'il a pour pére un furieux et un enragé. Heureusement c'est le serpent qui veut ronger la lime et qui ne fait qu'user ses dents.

XXVIII

A Madame

Madame Boy de la Tour, née Roguin, à Lyon.

A l'Isle Saint-Pierre le 13 8bre 1765.

Pardon mille fois, ma bonne amie, d'avoir tardé si longtems à vous écrire après avoir quitté votre maison si brusquement et si à regret[1]. Vous savez quel plaisir je prenois à vivre

---

[1]. Rousseau a conté tout au long, dans ses *Confessions*, comment il fut chassé de Motiers par la population qu'excitait l'animosité du pasteur de Montmollin. Victime des persécutions de la classe de Neuchâtel, calomnié dans des pamphlets comme celui de Vernes, il fut presque lapidé. Pour les détails de cette curieuse affaire voir docteur Guillaume, F. Berthoud, Jansen, et les dépositions des témoins. Voici celles de Jean-Jacques et de Thérèse :

Déposition de Jean-Jacques Rousseau.

« Hier vendredi, 6 septembre, je me couchai à huit heures un quart. Au bout d'une heure ou deux de tranquillité, j'entendis mon chien aboyer, crier sur la galerie, et faire de grands efforts pour entrer dans la cuisine.

» Jugeant que c'était l'incommodité du froid qui l'inquiétait, je ne me levai point pour lui ouvrir, aimant mieux, pour ma santé, le laisser dehors à cause des alarmes précé-

chez vous; mais au moment que je venois de
vous constituer en de nouvelles dépenses il a

dentes. Le bruit continuant sur la galerie, je l'attribuai
encore aux mouvements du chien, jusqu'à ce que j'entendis le bruit d'une fenêtre cassée avec beaucoup de violence,
et le fracas d'une pierre assez grosse, tombant sur le plancher. Je me suis levé le plus vite qu'il m'est possible, j'appelle ma gouvernante qui ne dormait pas, mais que l'effroi
retenait dans sa chambre. Je frappe sur le plancher ; la
servante du capitaine Guyenet, qui loge au-dessous de moi,
monte avec de la chandelle, nous cherchons où est le dégât,
mais sans oser ni sortir, ni ouvrir porte ou fenêtre, de
peur d'être attendus et assommés, nous trouvons qu'un panneau de la fenêtre de la cuisine était cassé, les verres épars
dans la cuisine, et jusque dans ma chambre, dont la porte
était restée ouverte, et à l'entrée de la même chambre,
à deux pas de mon lit, nous trouvons la pierre qui a
été vue de M. le Châtelain. La pierre, après avoir fait
son trou, ayant traversé en volant toute la cuisine, il faut
qu'elle ait été lancée d'une grande roideur, et comme il
paraît, de la galerie même. La garde étant venue, on sortit
pour examiner la galerie dans laquelle on trouva plusieurs
gros cailloux qui avaient fait quelques désordres ; et la
servante de M. Guyenet rapporta que des deux portes de la
maison elle avait trouvé l'une forcée, et l'autre ouverte
au moyen d'un verrouil qu'avec le doigt on peut pousser
par dehors. Je présume, par la situation des choses, qu'on
avait fait du bruit sur la galerie dans l'intention de m'attirer, et qu'au moment où je devais naturellement sortir de
ma chambre, la pierre lancée à travers la vitre devait me

fallu tout abandonner. Toutefois ma retraite n'a pas été sans consolations de la part de mes amis ;

casser la tête. N'ayant ni montre ni pendule, je demandai à la servante de M. Guyenet, qui en a une, quelle heure il était ; et elle me répondit qu'il était onze heures. Les premiers de la garde qui vinrent à mon secours, me dirent qu'ils étaient de Fleurier, et qu'ayant voulu faire leur ronde à l'heure précédente, ceux de Motiers s'y opposèrent, disant que c'était leur tour.

» Fait à Moitiers, le 7 septembre 1765.

» J.-J. ROUSSEAU. »

Mademoiselle Le Vasseur, gouvernante de M. Rousseau, dépose : Qu'environ les onze heures du soir, elle entendit du bruit devant la maison qui s'arrêta pendant un moment ; ce bruit était fait de manière comme si l'on avait voulu scier une planche ; ensuite, elle entendit jeter des pierres contre le mur de sa chambre qui donne sur la galerie qui est du côté d'Uberre de la maison, ce qui dura pendant environ six minutes et fut alors si effrayée qu'elle n'osa pas sortir de son lit, et un instant après, on a jeté une pierre avec tant de violence contre la fenêtre de la cuisine qu'on a cassé un carreau. Ladite pierre est tombée au pied de la chambre de M. Rousseau ; et du verre, poussé par la force du coup, jusque dans ladite chambre dudit sieur Rousseau, laquelle chambre était ouverte. Alors ce dernier a appelé la déposante, ceci disant : « Levez-vous, nous sommes ici assassinés ! » Sur quoi la déposante s'est levée toute effrayée ; demandant depuis les fenêtres de la chambre de M. Rousseau, qui répond aux appartements de M. le Châ-

je sais en particulier l'intérest que vous avez bien voulu y prendre, et la lettre affectueuse et obligeante dont vous avez honoré Mlle Le Vasseur dans cette occasion me marque bien combien vôtre bon cœur vous donne d'attentions et de

telain : « Au secours! » qu'on voulait les assassiner. Et à l'instant même arrivèrent les gardes de foire avec le grand sautier Clerc; et un moment après est aussi arrivé M. le Chatelain, qui a vu les bris et violences commises.

Donné à Moitiers le 7 septembre 1765, et la présente rédigée par écrit, au greffe, en présence du sieur justicier Abraham Henri Beseucenet.

Dimanche 15 septembre, à sept heures du matin, le sautier trouva sur la fontaine, devant les halles de Motiers la figure d'un Polichinel, l'annonça au châtelain, et l'apporta chez lui. Dans la main de la figure était un billet avec les vers suivants :

> Je vous prie de regarder
> Dans mon carnassier,
> Vous y trouverez les vers
> Que vous devez publier.

Voici le pasquin qui se trouvait dans le carnassier.

POLICHINEL.

> Me voicy trouvant tout réjouis,
> En voyant Mostier délivré de l'impie
> Qui s'est évadé, sa servante encor icy;
> Prenez-y garde, mes amis, etc...

soins pour vos amis dans leurs disgraces.
Maintenant je suis grace au Ciel dans cette Isle
en paix et en sureté[1]; mais j'y suis fort en peine
de vôtre santé dont depuis fort longtems je n'ai
point de nouvelles, car notre lac est si orageux
depuis quelque tems que nous n'avons aucune
communication réguliére avec la terre ferme.
Je ne sais pas même si vous étes de retour à
Lyon, quoique je le présume sur ce que vous
m'aviez dit de vos résolutions. Où que vous
soyez, trés bonne amie, vous étes la même pour
moi, j'en suis trés sur, et moi je serai le même
pour vous jusqu'à mon dernier soupir. Je ne
compte pas moins sur la solide et constante
amitié de l'aimable Madelon qui m'en a donné
tant et de si touchans témoignages qui ne

---

1. Milord Maréchal et le colonel Chaillet, qui avaient des attaches avec l'aristocratie bernoise, l'avaient assuré que le Sénat fermerait les yeux sur sa présence à l'île Saint-Pierre, pourvu qu'il n'y fit pas parler de lui. Jean-Jacques se renferma dans sa coquille. On montre encore aujourd'hui au plafond de sa chambre la trappe par où il s'évadait pour esquiver les visites.

sortiront jamais de mon cœur. Je la prie de vouloir bien en cette occasion me favoriser encore d'une petite lettre sur vôtre état présent. Il ne tient pas à ses soins et je suis persuadé qu'il ne tient qu'à vous qu'il ne soit trés bon. Je vous conjure donc, chére amie, de laisser gouverner votre santé à cette excellente fille afin qu'elle conserve à elle-même la meilleure des mères, et à moi une si chére et si bonne amie. Si vous étes à Lyon il suffira de m'addresser la lettre à l'ordinaire par Pontarlier, M. Junec aura soins de me la faire passer, et si vous étes encore à Iverdun, il suffira de l'addresser à M. Du Peyrou à Neufchâtel; en mettant seulement une croix au dessus de l'addresse il connoitra par là que la lettre est pour moi et me la fera passer.

Recevez les respects et les remercimens de Mlle Le Vasseur et de vôtre véritable ami.

ROUSSEAU.

XXIX

A Madame

Madame Boy de la Tour, née Roguin, à Lyon.

A Strasbourg, le 4 X^{bre} 1765.

Chére amie, je me reproche un trop long silence[1] ; mais vous devez le pardonner à la nécessité de pourvoir au plus pressé. Je suis arrivé ici il y a près d'un mois rendu de maux et de fatigue; après un repos suffisant je me dispose à repartir quittant à regret une ville où tout le monde paroit desirer de me retenir[2].

1. Rousseau habitait depuis deux mois l'île Saint-Pierre quand un arrêt inattendu du Sénat le força de sortir des États de Berne. Il se réfugia d'abord à Bienne, ne sachant de quel côté se diriger. Il songea à se réfugier en Corse, ou en Angleterre. Le séjour de Bienne lui fit vite rendu impossible par le voisinage de Berne ; il en fut informé par un ami, M. Kirchberger. Le bailli de Nidau lui donna un passe-port, et il partit enfin pour Berlin où il espérait retrouver lord Keith. Il s'arrêta à Strasbourg, d'où il écrit cette lettre.
2. Il reçut le plus bienveillant accueil, fut fêté, acclamé; on joua *le Devin du Village*. Il écrit à de Pury : « Je commence à sentir que je suis hors de la Suisse par les prévenances et honnêtetés de tout le monde. »

L'impossibilité de soutenir la fatigue du voyage de Berlin me fait tourner vers l'Angleterre avec le projet de me reposer encore quinze jours ou trois semaines à Paris; car il me seroit impossible de supporter de suite une si longue traitte. Si vous voulez me faire le plaisir de m'y donner de vos nouvelles vous pourrez m'écrire *chez la veuve Duchesne, Libraire rue St-Jacques, à Paris*. Je sais tout l'intérest que vous et ma charmante amie Madelon avez pris à mes disgraces; tant que l'amitié de l'une et de l'autre qui m'est si chére me suivra par tout, j'en supporterai plus aisement mes malheurs. J'ai eu la consolation d'apprendre que vous étiez en train du plus parfait rétablissement; j'espère que votre prémiére lettre me confirmera pleinement cette bonne nouvelle. Votre meilleur Medecin a été votre chére fille; j'en aurois grand besoin d'un pareil pour rendre la santé à mon pauvre cœur et à mon pauvre corps malades.

Je pourrois avoir besoin d'une lettre de crédit pour Londres, et vous me feriez plaisir de me l'envoyer à Paris, à moins que vos Messieurs ne permissent que je tirasse au besoin sur votre Maison des lettres de change, ce que je ne ferai qu'avec mesure et discrétion : au moyen de quoi cette voye me paroit la plus simple et la plus comode. Vous en déciderez.

Les derniéres ceintures que j'ai reçues sont étroites, courtes et minces comme la précédente. Il faut que je les tienne étendues avec des épingles, ce qui est trés incommode et les déchire absolument. N'y auroit-il pas moyen, ma bonne amie, d'en avoir une, sinon plus longue, du moins plus ample et plus forte? En pareil cas si vous pouviez me l'envoyer à Paris, vous me feriez grand plaisir.

Je me recommande, chére amie, à vôtre souvenir à votre amitié, à celle de tout ce qui vous appartient, sans oublier Mrs Girardier et Boy de la Tour, vos associés. J'espère que comme les folies et les malhonnêtetés de leurs parens n'ont point altéré mon estime pour l'un et pour l'autre elles n'auront point non plus altéré leur bienveillance pour moi.

Bonjour, ma trés bonne amie. Je vous embrasse de tout mon cœur et vous recommande sur toute chose le ménagement de votre santé.

ROUSSEAU.

Je remettrai cette Lettre à M. Miolai qui vient tout à l'heure d'envoyer chez moi de votre part.

XXX

A Madame

Madame Boy de la Tour, à Lyon.

Ce 24 Juillet 1767 [1].

Quel long silence, ma bonne amie! qu'il est cruel à mon cœur! Il est bien tems qu'il cesse; je ne saurois l'endurer plus longtems. Un des

---

1. A son retour d'Angleterre.

malheurs que j'ai le plus cruellement sentis étoit de cesser de m'entretenir avec vous, avec le bon Papa, avec la plus part de mes meilleurs amis, et de ne pouvoir tirer d'une si douce correspondance des consolations dont j'avois si grand besoin. Enfin, chére amie, je suis plus à portée de recevoir de vos nouvelles et de vous donner des miennes; mais il s'en faut beaucoup que je n'aye encore là-dessus toute la liberté que je désirerois, et ce n'est que peu à peu que les choses pourront reprendre leur ancien train. En attendant nous pourrons du moins de tems en tems nous donner réciproquement signe de vie. J'en ai reçeu ci-devant de la charmante Madelon qui m'ont transporté de joye[1] mais cela n'empêche pas que je n'aye rancune au cœur contre la petite dissimulée de nous avoir si misterieusement caché ses amours. Je ne doute pas qu'afin de pouvoir critiquer mon ouvrage elle

---

1. Elle s'est mariée avec M. Delessert. L'*Intermédiaire des curieux et des chercheurs* a publié d'elle une intéressante lettre relative à la mort de Jean-Jacques Rousseau (1778).

n'ait déjà rendu trop court mon lacet, mais cela ne la dispense pas de remplir des conditions sous lesquelles il lui fut donné et qu'elle n'a pas, j'espere, oubliées.

En me marquant de ses nouvelles avec les vôtres et de celles de toute votre aimable famille que j'embrasse mille fois, n'oubliez pas, je vous en prie, de me donner son addresse; car je lui dois une réponse et je lui écrirois bien sans cela; mais je n'ai pas avec moi sa lettre, ayant laissé en Angleterre tout mon petit bagage et tous mes papiers qui y sont encore. Je ne doute pas, mon excellente amie, que le bonheur de cette chére enfant en augmentant le votre ne raffermisse de plus votre santé que j'ai appris, avec le plus sensible plaisir être bien rétablie. Dieu veuille vous la conserver pour le bien de votre famille et de vos amis. J'attends avec impatience de vos nouvelles. Vous pouvez m'écrire sous cette unique addresse : *Pour le citoyen,* dans une enveloppe addressée à *M. Coindet à l'Hôtel le Blanc, rue de Clery A Paris.* Je vous demande aussi des nouvelles du trés cher Papa à qui j'attends impatiemment l'occasion d'écrire, et des chéres sœurs qui sont avec lui. Recevez, trés chére amie, avec mon respect mes plus tendres salutations.

XXXI

A Messieurs

Messieurs Boy de la Tour, à Lyon.

A Grenoble, le 13 Juillet 1768.

J'ai fini, Messieurs, ma tournée d'herborisations plustôt que je n'avois cru; quelques pressentimens de mes incommodités ne m'ayant pas permis de suivre sur les hautes montagnes mes compagnons de voyage, je les ai laissés à la Chartreuse d'où je suis revenu avant hier en cette Ville chercher le repos que j'espére y trouver par les bons soins de M. Bovier qui s'en est beaucoup donné pour moi et qui m'a procuré un logement tranquille. C'est un nouveau remerciment, Messieurs, à joindre à tous ceux que je vous dois. Mais je n'entame pas cet article ; il seroit inépuisable, et plus vous avez de droits à ma reconnoissance, moins vous en voudriez souffrir les expressions. Je n'ai point fait usage de la lettre pour Mr Pascal, etc., n'ayant pas eu jusqu'ici besoin de m'en prévaloir, et cette recommandation, même avant mon arrivée, s'étant rendu ici plus bruyante qu'il ne me convenoit. Je n'en suis pas moins obligé aux Messieurs qui à votre considération me l'avoient donnée, et je vous prie de leur en faire derechef mes remerciemens.

Quelles nouvelles de la chere Maman ? j'en attends avec impatience. J'espére apprendre de vous, Messieurs, qu'elle est arrivée en bonne santé avec ma bonne vieille tante, auprès du cher Papa pour lequel je prendrai la liberté de vous envoyer une lettre dans peu de jours. J'en joindrais une pour elle, et même je n'aurois pas tant tardé si elle ne me l'eut en quelque façon défendu elle-même faisant grace à ma paresse et bien sure de mes sentimens. J'en dis autant de la meilleure ainsi que de la plus aimable des filles, des femmes, des sœurs, des nourrices et des amies, dont je vous prie, Messieurs, de me donner aussi des nouvelles et de tout ce qui l'interesse, en attendant que je lui en demande moi-même ; car je ne renonce pas à ce plaisir.

J'ignore encore quel parti je prendrai. Je commence à craindre de ne pouvoir soutenir les fatigues de la tournée des Alpes, cependant pour peu que mes forces reviennent je suis toujours dans l'intention de la tenter, ce qui me retiendra dans ce pays pour quelques mois, et si le séjour me convient j'y pourrai rester davantage. En attendant que je sois bien déterminé, je vous prie, Messieurs, de vouloir bien retirer et tenir chez vous ce qui pourroit vous être addressé de Paris pour moi, et si Mlle Renou prend le parti de me venir joindre, de lui chercher aussi dans votre voisinage une petite chambre où elle puisse attendre de mes nouvelles avant de continuer sa route jusqu'ici.

Enfin si l'un de vous veut bien prendre la peine de la présenter à Madame votre sœur je vous serai sensiblement obligé de cette complaisance.

Agréez, Messieurs, je vous supplie, tous les sentimens de mon cœur qui vous sont si bien acquis et avec lesquels je ne cesserai jamais d'être, Messieurs, Votre trés humble et trés obéissant serviteur,

RENOU.

XXXII

A Monsieur

Monsieur Boy de la Tour (l'aîné), à Lyon.

A Grenoble, le 22 Juillet 1768.

Voici, Monsieur, deux lettres que je prends la liberté de vous addresser en vous donnant un petit bon jour de bien bon cœur mais bien à la hate; vu les tracas qui m'ont retardé et l'heure du Courrier. Mille salutations à Monsieur votre frére et des nouvelles d'Iverdun et de Fourviére, je vous supplie, quand vous voudrez bien me donner des vôtres. On peut continuer à m'écrire sous le couvert de M. Bovier qui est plein de bontés pour moi. Cependant comme le Comte de Tonnerre veut bien que mes lettres viennent sous son enveloppe, je joins ici son addresse vous priant de la donner aussi à Madame De Lessert. Je vous embrasse, mon cher Monsieur et vous salue avec le plus véritable attachement.

RENOU.

A Monsieur le Comte de Tonnerre, Lieutenant Général des armées du Roy, Commandant pour S. M. en Dauphiné, A Grenoble.

et dans l'enveloppe tout simplement :

A M. Renou. J'ai fait mention de l'observation contenue dans votre lettre.

XXXIII

A Monsieur

Monsieur Boy de la Tour l'aîné, rue de la Font, à Lyon.

A Bourgoin le 13 Aoust 1768 [1].

J'arrive, Monsieur, à Bourgoin et je compte y loger à la Fontaine d'or ; il pourroit cependant arriver que je fusse obligé de prendre

---

1. Quand il eut quitté Wootton, Jean-Jacques fut reçu en France par le marquis de Mirabeau, qui le cacha dans sa campagne de Fleury-sous-Meudon, puis par le prince de Conti dans son château de Trie, près Gisors. Il prit le faux nom de *Renou* moins pour se cacher que pour ne pas blesser le roi. On savait sa présence en France et la police eut ordre de la tolérer. Jean-Jacques était protégé par le maréchal, comte de Clermont-Tonnerre, lieutenant du roi en Dauphiné. C'est vers cette lieutenance qu'il se dirigea en quittant Trie. Il passa à Lyon, à Grenoble, à Chambéry, alla visiter la tombe de madame de Warens, se sépara momentanément de Thérèse, songea même au suicide (lettre à Thérèse du 25 juillet 1768) et finit par se réfugier à Bourgoin en Dauphiné, où il logea dans l'auberge de *la Fontaine d'Or* qu'on voit encore aujourd'hui avec la même enseigne. — Bourgoin est un chef-lieu de canton de l'Isère à 67 kilom. N.-O. de Grenoble.

une autre auberge, mais je réclamerai à la poste toutes les lettres qui pourroient y arriver à mon nom. J'attends ici, Monsieur, de vos nouvelles et de celles de Madame votre sœur à qui j'écrivis hier par la poste, et ne partirai pas non plus d'ici que je n'aye receu de celles de Mlle Renou, qui a du partir de Trye le 4, et dont je n'entens plus parler. Pardon du barbouillage, et recevez, je vous prie, Monsieur, pour vous et pour toute la famille mes plus tendres embrassements.

RENOU.

XXXIV

A Monsieur

Monsieur Boy de la Tour l'aîné, à Lyon.

A Bourgoin, à la Fontaine d'or, le 15 Aoust 1768.

En arrivant ici Monsieur, avant hier j'eus l'honneur de vous écrire un mot à la hâte dont un des passagers du Carrosse voulut bien

se charger. Pour plus de sureté j'ai celui de
vous reiterer ici l'avis de mon arrivée dans
cette auberge où j'attens de vos nouvelles et
de celles de Mlle Renou qui ayant dû partir le
quatre de Trye devroit être à Lyon ou bien
près d'y arriver. Comme je demeure ici en
suspens jusqu'à sa venue ou jusqu'à ce au
moins que j'aye de ses nouvelles positives, et
comme les momens pressent, il m'importe
de savoir le plus tot possible à quoi m'en tenir.
Quelque sensible que me fut le plaisir de vous
revoir tous un moment, comme je suis horri-
blement fatigué et que je reserve le reste de
mes forces pour les voyages indispensables, je
préfére qu'elle vienne me joindre ici. Ainsi je
vous prie, Monsieur, de vouloir bien la faire
partir par le carosse le plus tot qu'il sera possible, et me donner par la poste avis de Son
départ. Comme j'ignore ce que nous devien-
drons l'un et l'autre, et que selon toute apparence elle retournera dans peu de jours, elle
fera bien de n'apporter ici que quelque linge

et hardes, et de laisser sa malle à Lyon [1].

J'ai avec M. Bovier quelque petit compte qui doit être fort peu de chose, mais qui n'ayant pu être réglé à mon départ m'a forcé de l'addresser à vous pour le rembourser, de quoi je vous prie, n'ayant du reste fait aucun usage du crédit que vous m'aviez donné près de lui.

Que fait la Maman, comment va sa santé, quand reviendra-t-elle? J'attends des nouvelles de Fourviéres, de toute la famille, de tout ce qui vous intéresse, et qui, par conséquent m'intéresse aussi. Je vous embrasse, Monsieur, de tout mon cœur.

RENOU.

1. M. Chantelauze dans *Le Livre*, 10 mai 1884, suppose, cette même année 1768, au sortir du château de Trie, une rupture entre Jean-Jacques et Thérèse. La lettre ci-dessus constate au contraire une sollicitude qui écarte toute idée de divorce.

Portrait de M.me Madeleine Delessert
fille de M.me Boy de la Tour
d'après une peinture à l'huile appartenant a M.me Barthélói

XXXV

A Monsieur

*Monsieur Boy de la Tour l'ainé, rue de la Font,
à Lyon.*

A Bourgoin le 24 Aoust 1768.

Comment le cœur ne vous reproche-t-il pas, Monsieur, de vous être levé pour m'écrire étant malade, sans me rien dire de votre état, et de n'avoir pas même daigné dans votre seconde lettre me dire au moins un mot de votre rétablissement? Je dois le supposer de votre silence sans quoi je ne vous pardonnerois pas même de m'avoir écrit, sûr que Monsieur votre frére auroit bien eu la complaisance de me communiquer à votre place l'avis de M. la Roche et n'auroit pas eu pour me parler de votre état la même négligence que vous.

Dans la lettre que je prends la liberté de vous addresser pour Madame votre sœur, il y en a une pour Mlle Renou dans laquelle je lui parle au long de son voyage et de l'espéce de voiture qu'elle doit préférer[1]. L'état d'indécision où je suis, la certitude des maux qui m'attendent quelque parti que je prenne, la dureté du choix, mon corps souffrant, ma tête affectée font que j'ose à peine me fier à moi-même et que j'aime mieux m'en rapporter à ce qui sera délibéré entre vous pour le mieux. Mon cher Monsieur, vous devez être bien las des embarras toujours renaissans que je vous donne. Il faudra bien que tout cela finisse de maniére ou d'autre, mais ce qui ne finira pas, je vous assure, sera la reconnoissance qui m'en restera pour vos bontés.

Je n'ai nulle nouvelle d'Iverdun. Ce silence m'inquiette, l'avis que j'ai pris la liberté d'y donner auroit-il été communiqué ou mal reçu : cela seroit bien assortissant au malheur qui me suit constamment dans tout ce que j'entreprends de plus juste et de plus honnête. Soyez

1. Elle attendit à Lyon que Jean-Jacques fût installé pour le rejoindre. Voiture veut dire moyen de transport.

sur au moins quoi qu'il arrive que vous n'avez point été compromis, et qu'on ne découvrira jamais par mon canal la premiére source de cet avis, que j'ai cru donner avec toute la reserve et toute la discretion imaginable.

Si Mlle Renou se décide pour prendre une chaise, quoique je le sois presque pour ne pas aller à Grenoble, je voudrois toutefois pour plus de liberté stipuler avec le voiturier l'obligation de nous y mener si nous l'aimions mieux, puisque les distances sont à peu près égales des deux cotés. Votre idée de prendre le carrosse pour venir jusqu'ici est peut être la plus sage; le pis sera de passer encore ici quelques jours si nous voulons aller à Chamberi jusqu'à ce que nous trouvions une voiture qui nous y mène. Le mal est que cette voiture ne se trouvant pas sur le lieu je ne sais pas trop d'où ni comment la faire venir. Il faut avouer que tout cela est bien embarrassant et que je suis bien à plaindre.

Mes honneurs, je vous prie, a Monsieur votre

frére, et recevez avec amitié mes embrassemens et salutations.

RENOU.

J'ai chez M. Bovier un petit compte peu considerable dont je l'ai prié de recevoir de vous l'acquit que je vous prie aussi d'en faire, à moins que retournant à Grenoble je n'aye occasion de l'acquitter moi-même, ce que je ne prévois pas extrémement. Je suppose, Monsieur, que vous avez le soin de me passer en compte non-seulement les lettres que vous recevez pour moi, mais celles que vous recevez de moi, et qui ne sont malheureusement au lieu des témoignages d'amitié dont je voudrois uniquement m'occuper que des commissions dont vous avez toute l'importunité et que vous voulez bien faire pour moi.

XXXVI

A Monsieur

Monsieur Boy de la Tour l'aîné, à Lyon.

A Bourgoin, le 25 Aoust 1768.

Je reçois votre lettre, Monsieur, et celle de Madame votre sœur dont j'avois grand besoin d'apprendre des nouvelles depuis ce que j'ai appris de sa course. On acheve de me rendre fou et je ne puis lui écrire aujourd'hui. L'addresse de M. de la Roche est *à l'Hôtel de Luxembourg rue St Marc à Paris.*

Je vous salue, Monsieur, et vous embrasse de tout mon cœur.

RENOU.

XXXVII

A Monsieur

Monsieur Boy de la Tour l'aîné, à Lyon.

A Bourgoin, le 26 Aoust 1768.

Mlle Renou m'arrive, Monsieur, au moment

que j'attendois le moins. Je vous suis obligé de cette surprise, mais elle me donne quelque embarras qui m'empêche d'écrire à Madame de Lessert pour cet ordinaire, le retard ne sera pas long, et j'ai bien des choses à lui dire. Nous attendons pour Lundi prochain l'équipage et l'envoi que vous voulez bien vous charger de nous faire, et qui nous retient ici jusqu'à ce que nous l'ayons receu. Je ne sais pas surement encore où se dirigera notre marche ultérieure, mais il est peu apparent que ce soit vers Grenoble, ni de vos cotés puisqu'on ne me permet pas d'y rester. Le moment est critique. J'y penserai jusqu'à Lundi après quoi vous aurez de mes nouvelles. Recevez, en attendant, les remerciements, qu'il faut que je vous réitére sans cesse, puisque vous ne cessez point d'être exposé pour moi à de nouveaux embarras. Je vous salue, Monsieur, de tout mon cœur.

RENOU.

Une tabatière remise à Mlle Renou et dé-

FAC-SIMILÉ DE L'ÉCRITURE ET DE L'ORTHOGRAPHE DE THÉRÈSE LEVASSEUR.

g euveu su deu ba ton quen leu boutege que monsieur deu girauden a vés a moi e le pinete Fameu deu gang gaque roussauraes

posée par elle dans votre chambre n'ayant point été trouvée parmi ses effets, me fait supposer que peut-être en avez-vous chargé le cocher qui ne la lui a point remise et à qui vous êtes prié, Monsieur, de vouloir bien la faire redemander.

XXXVIII

A Monsieur

Monsieur Boy de la Tour l'aîné, à Lyon.

A Bourgoin, le 2 7bre 1768.

Hier au soir, Monsieur, je receus deux malles de Mad° Renou que vous avez eu la bonté de m'expédier. Je vous prie d'en vouloir bien faire de même à votre comodité de celle qui vous a été envoyée ci devant par M. de la Roche. Les approches de l'hiver me déterminant à le passer dans le lieu où je suis et où j'ai loué pour cela un appartement. Il est bien tems, Monsieur, que je respire, et que je vous laisse respirer ; car en vérité j'ai honte de tous les tracas que je vous donne depuis près de trois mois. J'ai pourtant grand peur que vous n'en soyez pas tout à fait quite et que je ne vous importune encore de quelques petites empletes pour completter mon petit ménage, quoique je loue un appartement meublé. Madame de Lessert aura pu vous dire que Mlle Renou est devenue ma sœur Sara, et que je suis son frere Abraham. Si tous les mariages commençaient ainsi par un attachement de 25 ans [1] confirmé par l'estime, ne pensez-vous pas qu'ils en seroient generalement plus unis ? Je serois assez curieux d'apprendre ce que sera finalement devenu mon argent que M. de la Roche a jugé à propos de faire promener de capuciniére en capuciniére, par une de ces petites lesines fort obligeantes, sans doute, mais plus ruineuses que la prodigalité et pour lesquelles j'ai la plus souveraine aversion. Convenez que c'est une bien plaisante idée d'aller choisir des capucins pour banquiers ; je vous

1. Voy. p. 39.

réponds que quand je serai le maitre ils ne seront surement pas les miens.

Bon jour, Monsieur, mes honneurs je vous prie et ceux de ma femme à Monsieur votre frére et à tout ce qui vous appartient. Elle vous salue trés-humblement et je vous embrasse, Monsieur, de tout mon cœur.

RENOU.

Je suis d'avis que vous suspendiez l'envoi de la malle jusqu'à celui des commissions dont je prendrai la liberté de vous charger.

XXXIX

A Madame

Madame Boy de la Tour.

A Bourgoin, le 5 7bre 1768.

Comment, peut-on, chére et bonne amie, penser à vous si souvent et vous écrire si peu ? voila pourtant mon histoire. Errant, paresseux accablé, découragé, mais toujours le cœur plein de vous, le souvenir de votre aimable et consolant accueil et de toutes les amitiés dont vous m'avez comblé me suit dans toutes mes courses, me tient attaché de cœur à votre demeure, et m'empêche au moins de m'en éloigner puisqu'il m'est défendu de m'y fixer tout à fait. Je me suis déterminé, voyant la saison déjà fort avancée à passer l'hiver dans ce bourg ou je serai à portée d'avoir souvent des nouvelles de l'aimable Madelon, de sa digne Maman et peut-être de les voir quelquefois au retour de la belle saison. J'apprends, chère amie, que votre santé s'affermit de jour en jour au pays natal, près du très bon papa, des chères sœurs, du cher Cousin, de sa charmante épouse et enfin de tout ce qui vous entoure, vous aime et s'empresse à vous caresser. Que n'ai-je ma part, chère amie, d'une occupation qui me seroit si douce en tout lieu et principalement aux lieux où vous êtes et en ceux où vous êtes attendue de retour dans peu? Permettez-moi d'espérer pouvoir m'y livrer même en ceux que j'habite et que vous ne dédaignerez pas d'y venir recevoir quelques momens les homages de deux cœurs unis en toute chose et surtout pour vous aimer[1]. Notre jolie nourrice vous aura marqué que la compagne de mon sort et de mes malheurs n'ayant voulu m'abandonner en aucune circonstance, j'ai cru lui devoir de faire que puisqu'elle étoit déterminée à suivre en tout et partout ma destinée, elle peut la suivre avec honneur. Si vingt-cinq ans d'attachement et d'estime précédoient tous les mariages il est à croire qu'ils en seroient généralement plus heureux. Le notre le sera, je l'espére; surtout si comme je l'espére aussi il obtient votre approbation et celle des seuls vrais amis sur lesquels je compte, surtout le Papa, M. le Colonel, votre excellente fille et toute votre famille. Ne m'oubliez pas je vous prie auprès de tout ce

---

[1]. C'est à Bourgoin qu'eut lieu le fameux mariage civil de Rousseau et de Thérèse, à l'auberge, devant le maire. Ce fut une scène très touchante et un peu burlesque. Voir le très curieux récit de Champagneux, qui assistait à la cérémonie, et Louis FOCHIER, *Séjour de Jean-Jacques Rousseau à Bourgoin*, 1860.

qui vous appartient à Iverduin ni à Neufchatel auprès de Mad˚ De Luze et M. Du Peyrou qui vous priera peut-être de vous charger pour moi de quelques paperasses. Adieu, très chère et bonne amie, permettez que j'envoye d'ici le baiser de paix à ma très vénérable tante, que chacun s'attend à trouver à son retour sainte et dévote comme une Madonne, et grave comme un Caton. Je vous embrasse dans toute la tendresse de mon cœur.

Je ne me suis pas pressé d'apprendre à Monsieur Roguin la triste nouvelle de la mort de son ami M. de Rosière[1], sur ce que m'avait marqué le Papa dans sa derniére lettre, je comptois l'embrasser ici, mais je n'ai plus trouvé au lieu de lui que M. son neveu, Maire de cette Ville[2], M. son fils, Officier d'artillerie, qui tous deux, m'ont fait beaucoup d'amitiés et doivent l'un

---

1. Cousin de Champagneux.
2. Champagneux.

ou l'autre avoir écrit au Papa ou lui écrire dans
peu[1].

XL

A Monsieur

Monsieur Boy de la Tour l'aîné, à Lyon.

A Bourgoin, le 5 7bre 1768.

Comment, Monsieur, c'est pour moi que vous avez demandé le passeport que j'avois chargé Mlle Renou de demander pour elle à son passage à Lyon? Voilà qui paraît bizarre. Si vous eussiez obtenu ce passeport, ce qui, à la vérité, étoit de toute impossibilité, je me serois

---

[1]. Rousseau ne signe plus. Il n'a pas encore prévenu son amie du pseudonyme qu'il a pris, Renou. Dans les commencements, Coindet lui avait écrit : *A Monsieur Renout*. Rousseau lui répondit par cet amusant *post-scriptum* : « Renou. Je signe exprès mon nom afin que vous n'y mettiez plus le *t* dont vous nous gratifiez à l'insu de nos ancêtres et qui, s'il passait contre l'orthographie de nos titres, serait capable de plonger dans la roture l'ancienne et illustre maison des Renou. » Cette note est rare chez Rousseau.

trouvé munis de quatre passeports, pour moi et cependant retenu au passage à cause de Mlle Renou qui n'en aurait point eu pour elle. Car j'ai été témoin de pareille aventure au Fort Barrault, et c'étoit pour cela que je l'avois avertie de se munir d'un passeport, attendu que les miens ne parlant pas d'elle ne pouvoient lui servir de rien. Je ne sais ce que pourront penser les personnes en place d'une pareille incartade de ma part; le mieux qu'il m'en puisse arriver est qu'ils se contentent de me croire devenu complettement fou.

Voici, Monsieur, une lettre que je vous prie de vouloir bien faire passer à la bonne Maman dont j'apprens avec bien de la joye que la santé s'affermit de jour en jour. Voici aussi une petite note de quelques emplettes dont je prends la liberté de vous donner encore l'importunité pour completter l'établissement de mon petit ménage. Comme M. de Rosiéres me prête sa batterie de Cuisine qui est à Grenoble et que je ne sais pas encore en quoi elle consistera, il se pourra très bien que j'aye des additions à faire à cette liste, et en ce cas je vous en enverrai la note par une femme qui va toutes les semaines à Lyon avec des charriots qu'elle charge des provisions qu'on lui donne. Je pense que vous pourriez avoir la bonté de m'envoyer par elle la semaine prochaine et tout à la fois ma malle d'envoi de M. de la Roche, la robe que j'ai prié Madame votre sœur de vouloir bien acheter pour ma femme et que je vous prie de payer ainsi que l'alliance d'or, le petit cadeau pour Mad^e Bovier et toutes les autres petites emplettes portées tant dans la présente note que dans celle qui lui servira de supplément. Je pense encore que pour vous éviter pour l'avenir le tracas perpétuel de mes petites fournitures, vous m'obligeriez de me marquer les addresses des marchands connus de vous, et chez lesquels j'enverrai cette femme acheter les choses dont j'aurois besoin principalement Épicier, Papetier et Mercier ou Quincailler, sans oublier le Marchand de bonnes Chandelles, car Madame votre

Mére avoit eu la bonté de m'en envoyer d'excellentes à Motier. Au moyen desdites addresses et d'un mot que vous auriez la bonté de dire auxdits marchands pour les engager à me bien servir, cette femme, qu'on dit entendue, me fera toutes mes commissions, les payera et je vous laisserai respirer. Tout cela fait, il vous plaira, Monsieur, de m'envoyer la note de tout ce que vous aurez déboursé pour moi, compris les mémoires de Mr Bovier, et vous aurez la bonté de vous rembourser sur l'argent qui doit m'être envoyé par M. de la Roche pour la lettre de change protestée ou, si cet argent ne revient pas, de le passer en compte sur celui que j'ai dans votre Maison.

J'oubliois encore un petit compte que je dois avoir chez M. d'Ivernois de Genève et que je vous prie de vouloir bien acquitter quand il vous sera présenté et même le faire acquitter à Genève si on ne vous le présente pas à Lyon. Passé cela, je vous prie aussi de ne plus recevoir aucune lettre pour moi d'aucun Genevois surtout des représentans sans en excepter M. d'Ivernois étant résolu de n'avoir plus aucune correspondance avec aucun de ces Messieurs à qui je ne puis plus être bon à rien.

Mille salutations, je vous prie, à Monsieur votre frère; je vous fais les miennes, Monsieur, et celles de ma femme de tout notre cœur.

RENOU.

XLI

A Monsieur

Monsieur Boy de la Tour l'aîné, à Lyon.

A Bourgoin, 9 7bre 1768.

Voici, Monsieur, de nouveaux embarras. Veuillez, je vous supplie, affranchir les incluses et leur donner cours le plustot possible, vu que le sujet en est aussi pressant que désagréable.

J'espère que la Messagére me rapportera Mercredi avec ma malle quelques unes des Commislions dont j'ai pris la liberté de vous envoyer sa note.

On me prête des couteaux et un moulin à caffé, ainsi si l'emplette de ces articles n'est pas faite encore on la peut retrancher.

Je m'imagine que nous aurons enfin des nouvelles de mon argent, et que nous parviendrons à savoir ce qu'il est devenu.

Je vous salue, Monsieur, et vous embrasse de tout mon cœur.

XLII

A Monsieur

Monsieur Boy de la Tour l'aîné, rue de la Font,

à Lyon.

A Bourgoin, le 21 7bre 1768.

J'ai receu, Monsieur, tous les articles portés dans la lettre que vous me fîtes l'honneur de m'écrire le 16. A l'exception des emplettes pour mon futur ménage dont la messagère ne m'a rien apporté du tout si les dites emplettes sont déjà faites je vous l'enverrai pour les recevoir, mais si elles ne le sont pas, je vous prie, Monsieur, de ne rien achetter, jusqu'à nouvel avis. La robbe que Madame votre sœur a eu la bonté d'achetter pour ma femme n'étant point à son usage ni telle que je l'avois demandé, nous devient inutile, Mad^e Renou est trop sensée et trop bien née[1] pour consentir jamais à la porter, surtout dans la circonstance où nous sommes. Ainsi je ne sais qu'en faire, ne voulant pas donner à Madame votre sœur l'embarras de la rendre, et n'osant même la renvoyer pour tâcher de l'échanger contre quelque droguet gris ou brun, dans la crainte qu'il n'y ait quelque difficulté pour l'entrée.

Vous aviez marqué à M. de la Roche de renvoyer le billet parce que le Moine avoit trouvé de l'argent ; et vous me marquez, Monsieur,

[1]. L'ancienne goton de l'hôtel Saint-Quentin a dû se rengorger à cette phrase.

qu'il vous a donné une rescription qui est un effet solide. Je le crois ; mais rien n'est plus solide que l'argent même, et je ne comprends point pourquoi le dit Moine n'en a pas donné. Vous ajoûtez qu'après avoir pris vos débours comme je vous en prie, vous tiendrez le reste à ma disposition. Ce n'est pas là, Monsieur, ce qu'il faut faire s'il vous plait; mais bien me le faire tenir ici le plustôt possible; car j'aurois le tems de me bien ruiner dans ce cabaret en l'attendant, s'il mettoit autant de tems à venir de Lyon à Bourgoin qu'il en a mis à venir de Paris à Lyon. J'ai renoncé, pour cause à moi connue, au logement qu'on me préparoit ici et dont il faut dédomager le propriétaire et il n'y a que l'attente que cet argent si lent à venir qui me retienne encore en cette ville [1].

Voici une petite anecdote qui pourra vous amuser. M. Bovier fils, depuis mon départ de

---

1. Jean-Jacques est de mauvaise humeur, il a le ton quinteux.

Grenoble, y a deterré un garçon Chamoiseur nommé Thévenin qui prétend avoir prêté ou donné en Suisse dans un cabaret neuf francs à un nommé J. J. R. qu'on dit être de votre connaissance. Ledit J. J. R. ne convient pas du fait, et prétend que ledit Thévenin est un imposteur, on dit même qu'il le prouve; mais ledit Thévenin paraît si bon homme, a l'air si bénin, et d'ailleurs est si bien protégé, que le public de Grenoble, tout à fait bien disposé pour lui, voudroit fort le favoriser aux dépends de l'autre et faire en sorte que ce fut ledit J. J. R. qui fut le fripon. Malheureusement, par des informations faites sur les lieux, il se trouve que ledit bonhomme de Thévenin a eu ci-devant l'honneur d'être condanné par arret du Parlement de Paris à être fouetté, marqué et envoyé aux Galéres pour fabrication de faux actes; mais comme en revanche ledit J. J. R. a aussi été décreté, ce qui est quasi la même chose, on espére encore que les choses pourront s'arranger à la sastisfaction de ce pauvre Thévenin.

Il est tout simple que le préjugé public soit en sa faveur, parce qu'on sait que sa coutume est de prêter ainsi de l'argent en passant à tout le monde, même aux gens qu'il ne connoit point du tout, et que ledit J. J. R. est connu pour un coureur de cabarets qui va piquant à droite et à gauche quelques écus dans la poche des quidams assez sots pour lui en prêter.

Je n'ai, je vous proteste, aucune copie du griffonnage dont vous me parlez; j'en avois envoyé une à Lyon, trés fidelle, sur laquelle j'ai vû qu'on en avoit fait d'autres toutes défigurées et pleines des plus ridicules contresens. Ma foi, Monsieur, laissons courir l'eau et dire les méchans : on ne peut pas plus empêcher l'un que l'autre. Quand les hommes auront eu leur tour, la providence aura le sien; je n'ai plus désormais d'autre confiance; mais celle-là me suffit et je prends mon parti sur tout le reste.

Je vois avec regret, Monsieur, que mes importunités vous viennent au milieu de vos plus grandes occupations. Cependant je n'ai pu vous les éviter jusqu'à présent. Je tâcherai d'être plus discret dans la suite, quoique je sois bien persuadé que je trouverai toujours en vous la même bonne volonté. J'ai des nouvelles du bon papa Roguin, et aucune de la Maman, je vous avoue que ce silence obstiné me surprend. Je vous salue, Monsieur, et Monsieur votre frère de tout mon cœur.

RENOU.

XLIII

A Monsieur

Monsieur Boy de la Tour l'aîné, à Lyon.

A Bourgoin, le 26 7bre 1768.

J'espére, Monsieur, que vous serez arrivés l'un et l'autre heureusement, sans accident, assez à tems pour trouver la porte ouverte, et qu'ainsi vous n'aurez point eu à vous repentir de votre bonne œuvre, ni du double bien que vous m'avez fait, prémiérement de vous voir, et puis d'aquérir par vous une aussi bonne connaissance. Voici une lettre pour M. Roguin à laquelle je vous prie de vouloir bien donner cours. Il m'a été impossible de vous faire depuis hier la longue copie de celle que vous désirez ; cela me seroit même, vu mon état, difficile pour le prémier ordinaire; mais voici l'expédient que je prendrai pour cela sans me fatiguer ; c'est d'achever une copie que j'avois commencée pour M. du Peyrou, de vous l'addresser afin que vous puissiez la faire transcrire si vous jugez à propos, et de vous prier de vouloir bien ensuite lui faire passer sans retard l'original. Je compte vous l'envoyer par le prochain Courrier sous une simple enveloppe et sans y rien ajoûter à moins que cela ne soit nécessaire, me contentant de vous prévenir aujourd'hui de l'usage que je desire que vous en fassiez. Ne m'oubliez pas, je vous supplie, ni ma femme, auprès de Madame votre sœur, de Monsieur votre frére, et de votre aimable compagnon de voyage. Je vous embrasse, mon cher Monsieur, de tout mon cœur, et ma femme vous offre ses obeissances.

RENOU.

XLIV

A Monsieur

Monsieur Boy de la Tour l'aîné, à Lyon.

A Bourgoin, le 5 8bre 1768.

Comme vous attendiez, Monsieur, de jour en jour l'arrivée de la chére Maman, je vous en aurois demandé plustot des nouvelles, si, sur ce que vous m'aviez marqué de la commission dont vous aviez bien voulu vous charger pour Mad° Renou, je n'eusse un peu retardé pour vous en accuser en même tems la réception. Mais mon impatience ne permet pas d'attendre davantage à m'informer si vous avez maintenant le plaisir d'avoir cette bonne Maman de retour avec ma tante, toutes deux en bonne santé. Donnez-moi, je vous en prie, le plaisir de prendre part au votre sitôt que vous les aurez près de vous.

Sur les preuves de l'imposture dudit Thevenin[1], M. le Comte de Tonnerre m'a fait enfin réponse, non pas qu'il lui feroit avouer son imposture, mais au contraire qu'il lui imposeroit silence. Sur ce pied là, si Thévenin m'eut volé ma bourse, au lieu de l'obliger à la rendre on lui ordonneroit de ne me plus voler. Que pensez vous de cette façon de me rendre la justice qu'on m'a promise et qu'assurément on me doit? Pour moi je ne doute nullement que l'impunité de ce coquin n'encourage ceux qui l'ont apposté à en apposter d'autres. Mais pour le coup je ne serai plus leur dupe, et sur de n'obtenir aucune justice, je ne m'abaisserai plus à la demander[2].

Il est vrai, Monsieur, que je ne trouvai que soixante neuf Louis dans la bourse que vous me remites, mais me fiant plus à votre calcul qu'au mien je crus que l'erreur venait de ma part et je ne vous aurois assurément jamais

---

1. On croit entendre Alceste.
2. Voyez page 149 le récit de cette affaire.

parlé de cette bagatelle si vous ne l'eussiez vous-même exigé.

Je vous suis extrémement obligé de me donner exactement des nouvelles de Fourviére. Je suis avec ma Cousine[1] dans un retard inexcusable, mais elle est bien sure qu'envers elle la faute de ma paresse ne sera jamais celle de mon cœur. Je compte lui écrire au premier jour. En attendant, ne m'oubliez pas ni ma femme, auprès d'elle, je vous supplie. Je vous salue et vous embrasse, Monsieur, de tout mon cœur.

RENOU.

Mad^e Renou vous salue trés-humblement.

XLV

A Madame

Madame Boy de la Tour, née Roguin, à Lyon.

A Bourgoin, le 12 8bre 1768.

Bien et trés bien arrivée, chére et bonne amie ; vos enfans et vos voisins étoient fort jaloux

---

[1]. Madelon de Lessert.

qu'une de vos familles vous possédât si longtems aux dépends de l'autre. Enfin, grace au Ciel, nous voila rapprochés et votre santé va bien; il ne manque à ma satisfaction parfaite que de franchir tout à fait l'espace qui nous sépare, et de me revoir, ne fusse[1] que pour un moment, aux pieds des deux excellentes amies sur lesquelles je compte le plus au monde, et pour dire encore plus et plus vrai, sur lesquelles seules je compte. Mad^e Renou[2] qui partage mon empressement et mes sentimens, voudroit être déja partie et nous le serions si toutes choses s'arrangeoient suivant nos désirs. Mais puisque nous avons si peu de tems à nous voir, je voudrois du moins que nous puissions jouir de ce peu autant à notre aise qu'il est possible et je vous avoue que s'il y avoit moyen de passer une soirée ensemble, je l'aimerois mieux qu'un diné en l'air, où l'on compte les minutes pour se ména-

1. *Sic.*
2. Rousseau a gardé pour se marier son pseudonyme Renou.

ger le tems du retour. Nous sommes tout prets à faire le voyage pour vous aller embrasser l'une et l'autre et repartir le lendemain, car je ne puis m'absenter plus longtems. Je vous avoue pourtant que les suites d'une course désagréable et fatigante que j'ai faite à Grenoble jointes à l'effet pernicieux des premiers froids pour mon état me feroient permettre que ce fut vous qui fissiez le voyage, si cela se pouvoit sans vous trop déranger, d'autant plus qu'il ne m'est pas aisé de trouver ici une chaise, soit avec les mêmes chevaux, soit, comme je le préférerois, avec des chevaux de poste. Puisque nôtre bonne et belle nourrice[1] a cessé de l'être, elle peut sans inconvénient se donner ce petit campos. En dinant un peu de bonne heure vous pouvez venir coucher ici sans peine et retourner le lendemain diner chez vous : cela ne fait qu'une journée en tout; il faudroit tout autant pour se rencontrer sur la route, on y est très mal par-

1. Madelon.

tout; vous le serez moins ici, vous trouverez une assez bonne chambre et si vous ne venez que vous deux, vous trouverez une femme de chambre et un serviteur qui tâcheront de suppléer à vos domestiques en tout ce qui dépendra d'eux ; si vous en amenez, ce sera fort bien fait, mais nous vous demanderons toujours la préférence pour vous servir. Enfin, soit ici, soit à Lyon, soit en route, si nous pouvons passer une soirée tranquillement ensemble, il me semble que cela sera charmant. Si cet arrangement ne vous convient pas, dites un mot; il n'y a ni difficulté ni inconvénient qui ne cède au vif empressement que j'ai de vous voir. L'obstacle des voitures n'est pas insurmontable, je chercherai quelque chaise ou cabriolet à emprunter et nous pourrons si vous voulez nous trouver à la verpilliére ou ailleurs à l'heure que vous aurez prescritte. Mais je reviens à ce qui me tient si fort au cœur; j'aime mieux aller et passer à tout risque un jour ou deux avec vous que de vous voir qu'une heure ou deux à la volée; mais nous nous verrions ici bien plus à notre aise et sans risque d'importuns. Ah combien vous seriez charmantes l'une et l'autre, si vous pouviez me donner un jour franc ici, outre celui de votre arrivée. Ce jour, ce jour seul, ma chére et excellente amie, me feroit oublier tous mes malheurs. Je ne finirois pas, si je voulois vous exprimer combien j'ai le cœur plein du desir de nous voir un peu entre nous sans crainte de survenans. Mille bon jours à ma belle Cousine ; j'embrasse de tout mon cœur son excellente maman. Ma compagne est transportée du desir de se voir aux pieds de l'une et de l'autre et me charge de leur témoigner son empressement. Mille choses à tous vos chers enfans.

XLVI

A Monsieur

Monsieur Boy de la Tour l'aîné, à Lyon.

A Bourgoin, le 18 8bre 1768.

Permettez, Monsieur, que je vous demande un petit mot sur la santé de Madame votre Mere dont je suis en peine, parce que la dernière lettre de Madame votre sœur m'a donné des inquiétudes dont rien ne m'a tiré jusqu'ici. Un mot seulement je vous en prie. *Elle se porte bien*; voila tout ce qu'il me faut. Pardon derechef de mes importunités continuelles; je vous salue, Monsieur, de tout mon cœur.

RENOU.

XLVII

A Madame

Madame Boy de la Tour, née Roguin, à Lyon.

A Bourgoin, le 26 8bre 1768.

J'espére que mes vraies et uniques amies sont heureusement arrivées à Lyon. Les bénédictions que le Ciel verse sur les bonnes œuvres ont du les accompagner dans tout ce voyage dont le souvenir ne s'effacera jamais de mon cœur. Un mot de vos nouvelles, chére amie, je vous en supplie. J'ai besoin d'en avoir, mais un mot suffit. Que dites vous de la fatalité de tous ces contretems qui sont venus troubler le plaisir de notre entrevue? Je ne puis me consoler de la mauvaise reception que vous avez trouvée ici que par l'espoir qu'elle sera réparée, et que vous ne serez rebutées ni l'une ni l'autre d'exercer les œuvres de miséricorde. J'ai des tas de réponses accumulées et indispensables à faire qui m'obligent de finir brusquement. Adieu, chére amie, recevez les plus tendres embrassemens de votre ami pour vous et pour ma Cousine. Ma femme, le cœur pénétré de vos bontés et des siennes, joint ses sentimens aux miens.

XLVIII

A Monsieur

Monsieur Boy de la Tour l'aîné, à Lyon.

A Bourgoin, le 9 9bre 1768.

J'ai receu, Monsieur, presque en même tems la caisse, la lettre, la bague et la note que vous avez eu la bonté de m'envoyer. La derniére est, par son étendue, une preuve parlante de mon indiscrétion. En vérité, Monsieur, il a fallu toute votre patience pour vous ennuyer si peu d'être sans cesse occuppé pour moi ; j'en suis aussi reconnaissant que confus, mais cela ne vous décourage pas du tems dérobé à vos affaires pour les miennes. Je n'avois fait aucune attention au quiproquo du prix des lacets; car dans tout compte qui me vient de vous je lis la somme et non les articles. En jettant pourtant les yeux sur celui-ci, je vois une autre omission que vous avez faite; c'est celle des ports de lettres depuis 7bre, lesquelles doivent passer à mon avis les 32 l. qui restent; ainsi laissant l'un pour l'autre, j'ai peur que vous ne perdiez à cette façon de solder. Tout est trés bon et trés bien choisi, surtout la robe dont Mad^e Renou est enchantée, et dont elle vous fait, Monsieur, mille remercimens. Il n'y a qu'un paquet de soye noire plate dont elle ne comprend pas l'usage et qu'elle dit n'avoir pas demandé. Ainsi, Madame votre Mére ayant marqué qu'on pourroit renvoyer ce dont on n'auroit pas à faire, je crois, Monsieur, que nous renverrons ce paquet là. La campagne n'étant plus guère tenable, je compte que cette bonne Maman est à présent de retour. Faites lui je vous prie agréer nos respects ainsi qu'à Madame votre sœur en attendant que je remplisse ce devoir moi-même. Bien des salutations à Monsieur votre frére; ma femme se joint à moi pour vous faire les notres, Monsieur, de tout notre cœur.

RENOU.

LXIX

A Madame

Madame Boy de la Tour, née Roguin, à Lyon.

A Bourgoin, le 14 9bre 1768.

Voici, trés chére amie, une lettre pour Mylord Mareschal que vous m'avez permis de vous addresser et que vous m'avez promis de lui faire remettre. Si je desire encore quelque chose au monde c'est un mot de réponse de lui. Depuis vôtre départ il m'a été impossible quelque perquisition que j'aye faite de trouver ici des chataignes. J'en sais la raison de même que du mauvais soupé que vous avez eu. Les chataignes et le soupé, le soupé et les chataignes ; le tout pour tâcher de nous refroidir entre nous. Ah ma bonne et généreuse amie, que leurs moyens sont mal choisis et qu'ils nous connaissent peu l'une et l'autre. La derniére lettre que vous m'avez écrite avoit été ouverte, et même très maladroitement, cela est certain. Donnez-moi, chére amie, de vos nouvelles, et de celles de ma cousine ; j'en ai besoin. Je deviens paresseux à l'excès ; je ne peux plus écrire. Je dois pourtant et je veux depuis longtems écrire au digne Papa ; cet excellent ami qui vient en dernier lieu de se donner tant de soin pour moi. J'ai eu par notre ami du Peyrou l'arrêt qui condamne l'honnête Thevenin aux Galères : il me semble que l'employé et les employeurs sont aussi dignes les uns des autres. Ma pauvre petite femme vous embrasse en pleurant d'aise du bien que vous lui avez fait et à moi par votre visite. Sa robe est très belle. Si belle que quand elle l'aura ce sera Ma Dame et ce ne sera plus ma femme.

Si fait pourtant et la sera toujours comme vous serez toujours mon amie, et moi votre ami.

RENOU.

L

A Madame

Madame Boy de la Tour, née Roguin, à Lyon.

A Bourgoin, le 12 X^{bre} 1768.

Encore la voix publique, ma bonne amie! comme si vous ignoriez que la voix publique n'est jamais et surtout à mon égard que celle du mensonge, même en choses indifferentes; car la bouche de ces pauvres gens qui s'inquietent si fort de moi n'est pas faite pour être l'organe de la vérité. Par cela seul qu'on publioit que j'avois quité mon auberge vous deviez conclurre, comme il est vrai, que je n'y avois pas même songé, quoiqu'il y ait quelque mérite a y rester sans murmure dans l'état ou j'y suis à présent. En cela comme en beaucoup d'autres choses j'ai mangé mon pain blanc le prémier. Patience ; je la prends, ma bonne amie, je trouve vos avis fort bon, je vous en remercie, je les suivrai de mon mieux. Je suis comblé de vous savoir bien portante. Je voudrois qu'il en fut ainsi de ma Cousine, mais elle est trop raisonnable pour s'inquieter des petits inconveniens attachés à son état et qui ne sont pas des manques de mauvaise santé. Le pauvre excellent Papa n'est pas dans un cas aussi favorable ; il ne voit plus, ainsi que moi, dans la vie d'intervalle entre la souffrance et la mort ; puisque vivre et souffrir ne sont presque plus que la même chose pour les goutteux comme pour les infortunés. Je suis en reste de toute maniére envers ce respectable ami ; ce n'est assurément pas à lui de m'écrire ; mais mon cœur a beau me pousser, l'invincible paresse m'arrête. Je ne puis plus écrire que quand il le faut absolument, et quoiqu'occupé bien tendrement de mes amis, au lieu de leur écrire j'aime mieux chanter à leur honneur des strophes du Tasse. Je dois une réponse et des remercimens à Monsieur votre fils dont l'ami M. de la Salle s'est fort occupé d'un logement pour M. Rousseau. Il leur est bien obligé sans doute ; mais il trouve bien cruel que l'heureux Monsieur Arouet soit mort si aisément, et que l'infortuné Rousseau ne puisse pas mourir quoiqu'il le desire. Ses amis du moins ne devront pas contribuer à le ressusciter malgré lui. Quant à ce qui me regarde, ma bonne amie, je vois par la lettre de M. de la Salle, que c'est M. Bourgelat, l'intime ami de M. D'Alembert, qui s'est donné beaucoup de mouvement pour m'obtenir la permission de respirer l'air dans la principauté de Dombes. Cela est très obligeant, très genereux sans doute, mais avec tout cela je me sens peu curieux d'être logé par les soins des amis de M. D'Alembert. J'ai receu tous vos envois, ma bonne amie, je ne me souviens pas des détails, mais j'ai tout receu, et quand j'aurai besoin de quelque autre chose je vous donnerai mes commissions avec autant de confiance que vous aurez de plaisir à les faire. Ménagez votre santé et votre estomac. Adieu, ma trés bonne amie, je vous embrasse et tout ce qui vous est cher. Ma femme ne parle que de vos bontés. Nous sommes tous deux à vos pieds, mettez-nous l'un et l'autre à ceux de la charmante Cousine.

LI

A Monsieur

Monsieur Boy de la Tour l'aîné, à Lyon.

A Bourgoin le 13 X^{bre} 1768.

Voici, Monsieur, la lettre de M. de la Salle que vous avez eu la bonté de m'envoyer, et sur laquelle j'ai bien des remercimens à vous faire à tous les deux pour M. Rousseau au logement duquel vous voulez bien vous interesser. La saison qu'il fait ne permet guere en ce moment de courir les campagnes pour examiner des logemens, et nous serons à tems pour y penser, d'attendre qu'elle soit un peu meilleure. En attendant, je vous prie, Monsieur, de témoigner à M. de la Salle et de l'engager à témoigner à M. Bourgelat toute la reconnoissance de celui pour lequel ils ont la bonté de s'interesser. La mienne Monsieur, vous est aquise depuis longtems, ce n'est ici qu'une augmentation de dette dont je ne demanderois pas mieux je vous assure que de trouver l'occasion de m'acquiter. Vous connoissez, Monsieur, tout mon devouement pour vous et pour tout ce qui vous appartient.

RENOU.

LII

A Bourgoin, le 6 Janvier 1769.

Chére amie, je suis trés touché de votre zèle et ne doute nullement des talents distingués du Médecin que vous me proposez; mais je ne puis accepter ses soins bienfaisans, et j'ai dit à M. Tissot lui-même pourquoi les soins me seroient inutiles s'il étoit à portée de les offrir. Le séjour que j'habite a fait tout le mal et c'est dans un autre qu'il se guérira. Je vous embrasse et ma Cousine de tout mon cœur.

LIII

A Madame

Madame Boy de la Tour, à Lyon.

A Bourgoin, le 17 Janv^r 1769.

J'envoye la Nanon, ma très bonne amie, vos douceurs me sont trop chéres pour que je les refuse. Je ne refuse rien de la véritable amitié. J'aurois besoin de beaucoup de choses dont l'état où je suis et l'embarras d'un demenagement ne me laissent pas detailler la note. Des fruits de carême, s'ils sont bons. Deux agrafes pour un corps de femme; une paire de lunettes appelées conserves, etc. Ayez la bonté de payer le port afin d'éviter l'embarras si je n'étois plus ici. La coquetiére[1] pourra également déposer le paquet à mon auberge d'où on me le fera parvenir. Dieu veuille, ma chére amie, que je déménage sous d'heureux auspices[1], c'est à dire que je trouve enfin le repos dans la solitude où je vais me confiner. Adieu, chére amie ; je vous embrasse de tout mon cœur, la chére Cousine et tout ce qui vous est cher. Ma femme joint son cœur au mien pour vous aimer conjointement de toute notre force.

Je n'ai aucune nouvelle de M. Tissot.

LIV

A Monquin[2], le 1er Févr 1769.

Me voici, chère amie, dans ma nouvelle habi-

---

1. « Coquetier, dit le *Dict. de Trévoux*, marchand qui amène ordinairement à Paris des œufs en coque, du beurre, des volailles, du poisson de Somme, etc. » Les statuts de cette corporation étaient le plus ancien des règlements de police.
2. Dès la fin de l'année 1768, Rousseau était impatient de quitter Bourgoin. Madame de Césarges lui offrit de lui louer

tation solitaire, et j'y suis bien, trop bien seulement pour pouvoir oublier que je ne suis pas

à bon compte une ferme qu'elle possédait aux environs et qu'on baptisait château de Monquin. Il accepta avec empressement. « Monquin, dit L. Fochier, est un vieux petit castel tout délabré, à une demi-lieue de Bourgoin et sur les hauteurs de Maubec. De ce plateau élevé, la vue se projette sur un magnifique panorama, bordé d'un côté par les Alpes et de l'autre par les montagnes du Bugey. De là, Jean-Jacques apercevait le gigantesque mont Blanc, qui se dresse dans le lointain et qui lui rappelait la Savoie, la Suisse et Genève sa patrie. Sur un plan plus rapproché, l'aspect du mont du Chat parlait à son cœur de la douce vallée de Chambéry, des Charmettes, et de ses belles et paisibles années. C'est dans cette retraite qu'il resta jusqu'au commencement de juin 1770, époque à laquelle il quitta le Dauphiné pour retourner à Paris.

» Le logement que cet homme célèbre a occupé à Monquin était autrefois l'objet de fréquents pèlerinages ; aujourd'hui même encore, des visiteurs fervents, venus souvent de loin, s'y acheminent de temps en temps.

» M. le comte de Meffray-Césarges, propriétaire de la ferme de Monquin, a eu le bon goût de ne rien laisser changer aux deux pièces qui ont été habitées par Rousseau. Le temps seul les a dégradées ; elles sont vides de meubles, les murs sont nus ; seulement, une grossière peinture, représentant le *Sacrifice d'Abraham*, décore la cheminée de la première pièce. On accédait (*sic*) jadis à cette chétive demeure par un escalier établi dans une tourelle, aujourd'hui démolie.

» Beaucoup de villageois de Maubec se souviennent encore

chez moi. Mon état ne paroit pas sensiblement empiré, si ce n'est que l'enflure intérieure a fait effort au point de soulever et de jetter les fausses cotes du coté droit. J'ai receu avec

du nom de *Jean-Jacques* (c'est le seul que la tradition locale lui donne) ; mais ils commencent à ne plus guère savoir ce qu'était cet être mystérieux. A leurs yeux, ce devait être quelque grand sorcier. »

On lit encore dans les *Mémoires* de M. Champagneux :

« Pendant ce séjour, qui dura quinze mois, tous les malheureux du village, dit-il, se ressentirent de ses bienfaits : un incendié reçut un secours considérable, ce qui suppose qu'il avait des fonds, et qu'il ne craignait pas d'en manquer. Rousseau aimait les fruits, le poisson, et quelques autres objets propres à ma contrée. Il n'aurait pas été possible de lui en faire accepter en présent ; je lui en faisais vendre, mais la personne que je chargeais de la commission, ne réclamait que la moitié de la valeur, et par cette ruse innocente, je me procurais la satisfaction de faire du bien à Jean-Jacques, et de le faire sans qu'il en sût rien.

» Pendant qu'il habita Bourgoin ou la montagne, il reçut de nombreuses visites ; mais il ne les accueillit pas toutes également ; il y eut même des personnes pour lesquelles il resta invisible.

» Parmi les femmes enthousiastes de Rousseau, je citerai une Provençale, épouse du gouverneur de Marseille, Pille. Elle fit un voyage de soixante lieues pour le voir. Un de mes amis de Lyon l'accompagnait, et je leur procurai une

transport la lettre de mon illustre patron ; j'ai aussi receu réponse de M. Tissot. Cette réponse est très belle. M. Tissot est un homme éclairé et vrai. Enfin j'ai receu vos envois. Vos douceurs me sont très douces ; tous les soins de votre amitié sont précieux à mon cœur. Voici deux lettres auxquelles je vous prie de donner cours. Je suis bref, chère amie, vous en savez la raison. Nous envoyons en commun les plus tendres bonjours à la bonne et belle Cousine, à son excellente Maman et à tout ce qui leur appartient.

Il suffit de continuer d'écrire tout uniment *à Bourgoin*. Je ne vous écrirai peut-être pas de quelque tems. Les lettres, que je voyais tarir avec joye me pleuvent depuis six semaines, et il faut necessairement entrer pour y répondre dans des détails qui ne finissent pas.

entrevue. Elle fut toute de feu de la part de la femme, de glace de la part de Rousseau. Malgré cela, je fus comblé de remerciements de la part de l'admiratrice de Jean-Jacques. Ce n'était pas un homme, pour elle, c'était une divinité. »

LV

Le 8 Févr 1769.

M. d'Ivernois, ma trés bonne amie, m'a apporté de bonnes nouvelles de votre santé qui m'ont fait grand plaisir. Il m'a dit que vous aviez des lettres pour moi que vous aviez eu dessein de lui remettre avant son départ et qu'il n'avoit point recues; jai présumé que vous aviez pris le parti de les envoyer par la poste, et je les y ai envoyé chercher depuis lors tous les jours de courrier, mais rien n'est venu.

Je n'ai rien à vous dire de nouveau sur mon état; il est un peu empiré depuis deux jours. Mais je ne m'en étonne pas, vu qu'il est sujet à des inégalités continuelles; et l'horrible tems qu'il fait ne contribue pas à l'améliorer. Bon soir, ma chére amie, je vous quitte pour m'aller substenter de vos douceurs, et puis m'aller coucher en pensant à vous.

Agréez les obéissances de Mad^e Renou et

faites les agréer ainsi que les miennes à tous vos enfans.

LVI

A Madame

Madame Boy de la Tour, née Roguin.

A Monquin, le 13 Févr 1769.

Nos deux derniéres lettres, trés chére amie, se sont croisées et j'en ai receu en même tems que la vôtre une de M. du Peyrou que je suppose être celle que vous aviez voulu m'envoyer par M. d'Ivernois; voici une réponse pour le Papa que je vous prie de lui faire passer, supposant que vous avez la bonté de faire tenir note de tous les ports et affranchissement dont je vous donne l'embarras sans scrupule, connoissant votre inépuisable bonté pour moi.

Les nouvelles que vous m'avez données de la chére Cousine m'ont fait le plus grand plaisir, et j'espére bien, chére amie, que vous n'aurez jamais à m'en donner l'une de l'autre que de cette espéce. Nous avons ici un pied de neige qui me désole et qui, si vous en avez autant à Lyon, me fait peine pour elle : car son état demande un exercice, trés modéré à la vérité, mais journalier, et je me ferois plaisir de penser qu'elle va tous les jours plustot deux fois qu'une de chez elle chez vous, et de chez vous chez elle. A cela se joint le mien intérest de penser que mes deux amies quand elles sont ensemble n'oublient pas de parler quelquefois de leur ancien hôte et de leur ami jusqu'à la mort et au delà, si comme je l'espére les pures affections de nos cœurs nous survivent. Je vous parlerois de mon état si j'avois quelque chose de nouveau à vous en dire : mais il n'amende pas, et ne me paroit pas empirer. Il est à peu près le même, et ce qui m'en peine le plus est qu'il ne me permet ni d'écrire ni d'agir sans souffrir. Sentant l'extrême besoin de prendre un peu d'air, je pris il y a quelques jours une bêche pour me faire un petit chemin dans la neige ; j'en fis trés peu, i'y allai trés modérément, mais mon oppression ne laissa pas d'augmenter, et la nuit j'eus des mouvemens convulsifs dans tous les membres, qui à la vérité cessérent le lendemain excepté dans le bras gauche ou je les sens encore aujourd'hui. Il me faudroit comme à la Cousine un peu d'exercice, mais très doux ; une marche lente est tout celui que je puis faire ; mais malheureusement le tems qu'il fait ne me permet point de sortir. J'ai receu depuis quelques jours de nouvelles plantes qui m'ont remis à mon foin. Je tracasse avec mes bouquins, avec mon herbier, et cela m'amuse. Ma femme ne s'ennuye pas, non plus, dans notre solitude. Le soin de son trés petit ménage l'occupe, nous passons quelques heures délicieuses à parler de nos bonnes amies et à nous flatter de l'espérance de les recevoir quelque jour ici plus tranquillement qu'à Bourgoin.

Puisque vous avez la bonté de ne point vous rebuter de mes éternelles commissions et de vous occuper de mes petits besoins, nous avons ici une coquetiére qui va de tems en tems à Lyon et à qui je pourrai remettre une note de quelques articles qui pourtant ne pressent aucunement. Recevez, chére amie, partagez avec la future nourrice, et distribuez l'une et l'autre à tout ce qui vous est cher, les vœux purs et les tendres hommages de deux cœurs qui vous sont tout acquis.

J'ai toujours oublié, chére amie, de vous parler du digne Colonel Chaillet et de vous marquer combien je suis sensible à son souvenir et combien je lui suis véritablement attaché. Je n'ai point fait usage de sa note au sujet de notre ami, car cela seroit parfaitement inutile. Toute la raison dont il fait usage est dans sa tête; il n'en admet point qui vienne d'autrui.

LVII

A Madame

Madame Boy de la Tour, née Roguin, à Lyon.

A Monquin, le 17 Mars 1769.

Eh quoi chére amie, ne prendrez vous donc jamais dans mes sentiments la confiance que j'ai dans les vôtres, et pouvez-vous croire que je voulusse aisément avoir à d'autres l'obligation des embarras dont vous vous chargez de si bon cœur. Ah croyez une fois pour toutes que c'est à vous, à nôtre Madelon, à votre famille, à cause de vous, que j'aime être redevable, et que si je le suis à d'autres c'est malgré moi.

Je ne vous ai point envoyé la Coquetière, parce que je n'ai plus entendu parler d'elle. Rien ne presse pour aucune commission. J'en ai une pour des papiers et porte feuilles d'herbiers qui me tient fort au cœur, mais elle demanderoit des explications trop longues à mettre par écrit et pour lesquelles j'aime mieux attendre une occasion. Elle sera tout aussi bonne à faire dans cinq ou six mois qu'aujourd'hui.

Parce que je viens de vous marquer, vous pouvez comprendre que je continue à être mieux; cependant le côté droit est toujours enflé. J'ai lieu de croire que le vin du cabaret avoit autant contribué que l'air et l'eau à ma maladie; car j'en ai apporté ici une vingtaine de bouteilles, et toutes les fois qu'il m'arrive d'en boire je me sens plus incomodé qu'il ne m'arrive en buvant d'autres vins. L'alun dont les cabaretiers le frelatent n'affecte pas beaucoup les gens en santé mais agit plus sensiblement sur un corps infirme.

Chére amie, ne comptez pas avec votre serviteur et donnez-moi de grace réguliérement de vos nouvelles et de celles de la Cousine avec laquelle vous pouvez alternativement remplir cette œuvre pie, soit que je vous écrive réguliérement ou non. Il est certain qu'il est trés contraire à ma santé d'écrire. Je vous ferai donc de courtes lettres, peut-être de rares, mais mon cœur ne cessera jamais un moment d'être entre mes deux excellentes amies et souvenez-vous une fois pour toutes que je parle au nom de Mad⁰ Renou ainsi qu'au mien.

LVIII

A Madame

Madame Boy de la Tour, née Roguin, à Lyon.

A Monquin, le 18 Avril 1769.

M. De Luze, ma bonne amie, me fait tort de douter un moment du vrai plaisir que me fera sa visite, plaisir auquel il joindra, j'espére, celui de me donner en détail de vos nouvelles et de celles de ma Cousine. Dites-lui donc qu'il sera le bien venu ; mais à moins qu'il ne veuille accepter un lit chez Mad⁰ de Cezange, je n'en ai point ici à lui donner. Ainsi il faudra qu'il couche à Bourgoin et qu'il tache de venir ici le matin afin que j'aye le plaisir de passer avec lui la journée. Quelqu'un qui m'est venu voir s'est chargé de mes commissions pour Lyon, du moins des plus pressées, et les autres demanderoient de plus longues écritures que je n'en puis faire aisément. Bon jour, ma bonne amie, mes honneurs à tout ce qui vous appartient. Mille amitiés à ma Cousine, mes remercimens et salutations à Monsieur son Mari. Recevez les tendres embrassemens de votre ami et de sa compagne.

RENOU.

LIX

A Madame

A Madame Boy de la Tour, née Roguin, à Lyon.

A Monquin par Bourgoin le 2 Juin 1769.

Quoique je vous écrive bien peu, ma bonne amie, je voudrois que vous m'écrivissiez bien souvent. Si ce désir n'est pas trés équitable il est du moins trés naturel, et surtout dans la circonstance présente qui me tient sur l'état de votre chére fille dans une inquietude continuelle. Tirez-m'en, je vous en conjure, en me donnant de ses nouvelles. Il me semble que votre calcul tomboit à peu près sur ce tems-ci, et je me souviens bien que dans sa derniére lettre elle me promettoit en pareil cas un prompt avis que je n'ai point receu et que j'attends avec l'impatience et les vœux de l'amitié. Parlez-moi de vous aussi, ma bonne amie, de l'état present de votre estomac, de tous vos chers enfans, de tout ce qui vous intéresse et qui par conséquent m'intéresse aussi. Pour moi je me porte passablement. Mad^e Renou a dans cet air vif des rhumes continuels qui m'inquiettent parce qu'ils sont mêlés de tems à autre de crachemens de sang. Nous nous ennuyons fort l'un et l'autre de passer si longtems sans vous voir, et voudrions bien, tres chére amie, vous embrasser aussi réellement que nous le faisons de cœur.

LX

A Monsieur

Monsieur Boy de la Tour l'aîné, à Lyon.

A Monquin, le 12 Juin 1769.

Quoique la lettre sans date, Monsieur, par laquelle vous avez bien voulu me faire part de l'heureux événement dont j'attendois impatiemment la nouvelle, ne me soit arrivée qu'avec celle de Madame votre Mére qui me donnoit le même avis, je suis toujours très sensible à cette attention de votre part et je vous en remercie. J'espère que tout continue d'aller aussi bien qu'un si bon début l'annonce, et qu'il n'est déjà plus question d'acouchée mais d'une aussi bonne que belle nourrisse, *amen*. Marquez ma joye, je vous en prie, à cette excellente Maman et à sa Maman, et à tout ce qui s'interesse à elle, c'est-à-dire à tout ce qui la connoit.

Mad^e Renou est bien sensible, Monsieur, à

l'honneur de votre souvenir et vous salue. Vous avez la preuve que dans l'occasion je n'épargne pas vos peines, certain qu'un fils et qu'un frère de mes meilleures amies les prendra toujours avec plaisir.

J'ignorois que votre billet eut besoin d'être renouvellé; quand cela seroit rien ne presse. Faites là dessus ce qu'il vous plaira ou me dites ce que je dois faire, car je suis trés inepte en tout cela. L'on m'a aussi écrit le mariage de M. du Peyrou : mais j'ignore s'il est fait actuellement. Recevez, Monsieur, je vous prie et faites agréer à Monsieur votre frére mes sincères salutations.

RENOU.

LXI

A Madame Boy

Madame Boy de la Tour, née Roguin, à Lyon.

A Monquin, le 29 Aoust 1769.

Je puis enfin, ma bonne amie, respirer et vous demander de vos nouvelles. Peu de jours après mon arrivée ici je repartis pour une herborisation sur le mont Pila qui étoit arrangée depuis longtems. Notre voyage fut assez triste, toujours de la pluye, peu de plantes[1] vu que la saison étoit trop avancée, un de vos Messieurs fut mordu par un chien, Sultan[2] fut estropié par un autre. Je le perdis dans les bois où je l'ai cru mort de ses playes ou mangé du loup; à mon retour j'ai été tout surpris de le retrouver ici bien portant, sans que je sache comment dans son état il a pu faire sans manger cette longue route, et surtout comment il a retraversé le Rhone. Tout ce que nous avons eu de meilleur dans notre pelerinage a été d'excellent vin d'Espagne que vous

1. Cf. *Jean-Jacques Rousseau als Botaniker*, par A. Jansen, Berlin 1885.
2. Voir, sur son chien Sultan, ses lettres à Coindet, des 27 et 28 juin 1767. Jean-Jacques avait aussi une chatte, Minette, qu'il confia à madame de Verdelin quand il quitta Montmorency (Cf. lettre de madame de Verdelin à Jean-Jacques, juillet 1762 dans Streckeisen Moultou, *Jean-Jacques Rousseau, ses amis et ses ennemis* II, p. 481). Bernardin de Saint-Pierre a aussi vu chez lui un serin en cage.

connoissez qui nous a grandement reconforté tout au sommet de la montagne, et dont nous avions je vous jure très grand besoin. Enfin me voila de retour depuis quelques jours, encore harassé de cette longue et pénible course; fort occupé d'arranger et sécher mes plantes à demi pourries; mais empressé surtout d'apprendre que vous vous portez bien, que vous m'aimez toujours bien, vous, chére amie, et la chére Cousine, et vos chers enfans et les siens, et tout ce qui vous interesse l'une et l'autre. Bonjour, ma bonne amie, un petit mot, je vous en conjure et recevez les plus tendres amitiés et salutations de deux cœurs unis pour voùs aimer.

LXII

A Madame

Madame Boy de la Tour, née Roguin, à Lyon.

A Monquin, le 19 7bre 1769.

Si je ne m'étois pas foulé la main par une chute, ma chére amie, je vous aurois répondu sur le champ pour vous tranquilliser sur la morsure de mon chien qui ne pouvoit rien avoir de sinistre, vu que ce n'étoit qu'une jalousie de caresses et de préférences qui lui avoit attiré cette morsure, qui ne ressemble point à celles qui ont du danger. Il est parfaitement guéri de même que, grace au Ciel, un de vos Messieurs qui fut mordu lui-même à la jambe par un autre chien.

Vous ne doutez pas, chére amie, du vif et vrai désir que j'ai de me rapprocher de vous. Mais les premiers froids, dont je sens vivement l'atteinte, me tiennent en crainte, et la saison des voyages est déjà passée pour moi. Je vous avoue, cependant que le souvenir de l'hiver dernier me tient en peine sur celui-ci passé tout entier dans la solitude. L'Eté la promenade et l'herborisation m'amusent et me suffisent. Mais l'hiver la vie sédentaire et le défaut d'amusement prennent sur ma santé et même sur mon humeur. J'avois eu toujours un instrument de musique qui m'étoit très utile; j'ai cruellement senti le défaut de cette ressource les deux hivers précédens. N'y auroit-il point moyen, chére amie, de me la procurer celui-ci? J'ai pensé que peut-être M. Léonis voudroit bien à votre prière me procurer quelque épinette à louer pour six mois; il me rendroit un service plus essentiel qu'il ne paroit s'il vouloit bien se donner cette peine, et je lui en serois sensiblement obligé. Je ne voudrois pas une patraque, je voudrois une bonne épinette bien en état, et tout ce qu'il faudroit, cordes, plumes, marteau, écarlate, pour racomoder ici ce que je pourrois déranger. Je m'imagine que le transport seroit un peu difficile pour qu'elle ne se dérangeat pas beaucoup, et je ne vois pas d'autre expédient que de la faire porter à dos d'homme. Si l'on pouvoit trouver où vous êtes un homme attentif qui la menageat en route je vous serois très obligé de faire avec lui le marché et de me donner avis par lui de ce qu'il faut que je lui paye. Si vous ne trouvez pas aisement le porteur qu'il nous faut j'en peux envoyer un d'ici.

L'épinette ne se trouvera peut-être pas aisément. En ce cas pourrois-je avoir du moins un Violoncelle, qui fut bon, tout monté, des cordes de rechange et de la colophane? Comme cet instrument craint moins le transport, on pourroit l'envoyer par le carrosse, au moins s'il avoit un étui, et l'addresser à Bourgoin chez M. la Tour perruquier. Si le Violoncelle à louer ne se trouve pas non plus, j'aimerois encore et même par préférence un bon Cistre à cinq cordes monté dans le bas en cordes filées un peu grosses; et toujours à louer pour six mois. Enfin, chére amie, si rien de tout cela ne se trouve, je me rabats pour pis aller à une flute à bec dont je vous prie de me faire faire l'emplette, car ce n'est pas la peine de la louer. Voilà, je vous l'avoue, des commissions bien importunes pour des Dames, mais j'espére que l'importance dont cette ressource peut m'être dans ma situation vous fera passer avec votre indulgence ordinaire par dessus l'incongruité. La musique est pour moi un vrai reméde[1], et le seul peut-être qui puisse être efficace dans mon état. Pouvu que j'aye un instrument quel qu'il soit, et un peu de papier réglé je suis sur de passer mon tems sans ennui et sans m'affecter beaucoup de quoi que ce puisse être. La botanique est amusante en été, mais en hiver elle ne fait que fatiguer et n'amuse guére. Il ne me faut rien qui me fatigue la mémoire et l'esprit.

J'espère qu'en me répondant, vous ne ferez pas comme moi qui ne vous parle ici que de ma triole (connoissez-vous ce mot Genevois?), que

---

1. Cf. *J.-J. Rousseau als Musiker*, par Alb. Jansen, Berlin 1884.

vous me parlerez au long de votre santé, de vous de votre famille, surtout de fourvière où je n'ai pas écrit depuis un tems infini. Parlez-moi de tout ce que vous savez qui intéresse les deux solitaires qui comptent ici les jours avec impatience jusqu'à ce qu'ils arrivent à celui de vous embrasser. Adieu, chére amie, voilà le commissionnaire qui attend ma lettre et qui me la fait finir.

Point de cistre à moins qu'il ne soit bon et à cinq cordes. On m'en a fait venir un de Lyon qui n'étoit qu'un vrai chaudron, totalement injouable.

LXIII

A Madame

Madame Boy de la Tour, née Roguin, à Lyon.

A Monquin, le 6 8bre 1769.

Je reconnois vos bontés ordinaires, mon excellente amie, dans celle que vous avez eue de vous occuper de mon indiscrette commission. Cependant comme elle ne laissait pas d'être de quelque importance pour mon état, je me suis fait moins de scrupule de charger de ce soin votre amitié et votre humanité. Le porteur de l'instrument pourra s'addresser à Bourgoin au S^r *la Tour*, perruquier sur la place, qui lui indiquera le chemin pour venir ici. La Tour ou son frère viennent me raser tous les vendredis et mardis matin et si le voyage de l'homme pouvoit s'ajuster sur ces mêmes jours, un des deux La Tour pourroit l'amener lui-même. Je vous prie de dire audit Porteur que s'il ménage assez l'instrument en route pour qu'il arrive ici d'accord et en bon état, je lui donnerai trente sols pour boire par dessus l'accord que vous aurez fait. Je regarde cette petite précaution comme fort essencielle.

Mad^e Renou qui vous baise les mains de tout son cœur ainsi qu'à la chére Cousine, veut que je vous importune encore de deux commissions, et que je fais avec une confiance aussi inépuisable que votre complaisance et dans l'espoir que ce seront les derniéres. L'une est d'une petite caisse de Chandelles des six à la livre et d'une douzaine de livres. L'autre seroit d'un bon bonnet de laine et d'une paire de bas drappés et de gants chauds pour votre pauvre ami qui commence à grelotter terriblement et que les prémiers froids rendent bien malingre. Si vous y pouviez joindre une paire de Mitaines de soye pour elle, j'aurois le plaisir de les lui donner pour sa fête qui est le quinze de ce mois. Lesdits envois peuvent se faire par le carrosse à l'addresse dudit S^r la Tour perruquier pour M. Renou. Vous avez eu la bonté, chére amie, de me faire précédemment plusieurs petites emplettes pour lesquelles je dois avoir un compte ouvert chez vous. Après y avoir ajouté tous les susdits articles, veuillez s'il vous plait en faisant mes salutations à Monsieur votre fils, le prier de ma part de vous rembourser le tout sur l'argent qui est entre ses mains. Si vous jugez à propos d'ajoûter à ce mémoire le loyer de l'épinette et le payement du porteur je n'aurai pas besoin de débourser ici cet argent, sinon je le lui remettrai. Soit fait à votre volonté, à condition que vous ne prendrez sur rien le bon marché dans votre poche, ce que je ne dois pas supposer parce que cela seroit malhonnête.

Voici, chére amie, une lettre pour M. Dastier que je vous prie de vouloir bien faire affranchir à son exemple et que je suis obligé de vous addresser pour cela parce que j'ai remarqué qu'on n'a aucun égard aux affranchissemens que je fais faire à Bourgoin. Il a eu la bonté de me faire une petite fourniture de caffé pour laquelle suivant son compte je ne lui dois que douze francs. Or comment lui faire tenir ces douze francs à Carpentras? Voilà mon embarras. S'il y avoit moyen de faire ce petit payement par quelqu'un des correspondans de vos Messieurs, je leur en serois extrémement obligé et je marque à M. Dastier que je vous en prie.

L'embarras que son affranchissement de lettre me force à vous donner vous dit assez ce que je pense du votre : ainsi je ne vous en parlerai pas.

De grace, chére amie, tolerez l'importunité de ces commissions avec autant d'indulgence que vous mettrez d'exactitude à les faire, c'est tout dire. Une des plus grandes rigueurs de ma destinée et de celles que je sens le plus est d'être toujours à charge à mes amis, et de leur être toujours inutile. Ceux qui disposent de moi avec autant de barbarie que d'iniquité ont bien choisi dans mon cœur les endroits les plus sensibles pour ne perdre aucun de leurs coups. Je leur suis obligé du moins d'en faire assez pour réveiller mon courage que des traitemens moins indignes auroient peut-être laissé dormir. Bonjour, ma chére et bonne amie. J'attends avec empressement le signe de vie de la chere Cousine; s'il faisoit moins froid, que je fusse moins paresseux, moins malingre, elle ne me préviendroit surement pas. Recevez pour vous et pour elle les plus tendres amitiés des deux pauvres hermites.

———

LXIV

A Monsieur

Monsieur Boy de la Tour, l'aîné, à Lyon.

A Monquin le 20 8bre 1769.

J'attendois, Monsieur, pour vous faire mes remercimens des emplettes que vous avez eu la bonté de faire pour moi, le messager qui devoit apporter l'épinette que je viens de recevoir en passable état. Madame votre mère avoit promis de m'envoyer par lui l'avis de ce qu'il falloit lui payer, comme il ne m'a point apporté de lettre, l'ignorance du prix convenu me force d'en laisser faire le payement à Lyon, hors ce que j'avois promis pour boire que je tâcherai de payer ici si l'on peut trouver de la monnoye, car sur cette montagne c'est un embarras.

Voici un billet que je prie Madame votre

mére ou vous, Monsieur, de faire passer à Monsieur Roquini dans votre prémiére lettre. Je suppose Madame votre mére à Sa campagne, en bonne santé, et que point de nouvelles est bonnes nouvelles. Mille choses de ma part et de celle de Mad^e Renou, à cette Maman si complaisante et qui supporte si volontiers les importunités de ses amis. Ne m'oubliez pas non plus, je vous supplie, à fourvière ainsi qu'auprès de toute votre famille. Agréez aussi je vous supplie, Monsieur, les très humbles salutations de Mad^e Renou et les miennes.

RENOU.

J'ai trouvé la monnoye pour le boire.

LXV

A Madame

Madame Boy de la Tour, née Roquin, à Lyon.

A Monquin, le 31 8bre 1769.

Je suppose, ma trés bonne amie, que vous

voila maintenant de retour de votre campagne. Je n'aurois pourtant pas attendu ce retour pour vous écrire si je n'eusse eu tout mon tems absorbé par la maladie de Mad° Renou et par d'autres tracas qui me prennent plus de tems qu'à un autre parce qu'il m'est impossible de mettre aucun ordre dans sa distribution. L'épinette est bonne[1] et me fera grand plaisir quand je pourrai m'en servir. Je vous en remercie de tout mon cœur, ma bonne amie, ainsi que de toutes les peines que vous vous donnez pour moi. J'ai toujours oublié de vous parler de M. Descharny. Si je l'avois vu, ainsi que M. De Luze, j'en aurois été fort aise. Ne les ayant pas vus, j'en suis très content aussi; persuadé qu'à la fin tout se fait toujours pour le mieux, et surtout de la part de mes amis. Je ne sais si je n'ai pas oublié de vous répondre aussi dans le tems sur M. le Colonel Chaillet[2] pour lequel j'aurai

1. Cf. page 193.
2. Ce sont d'anciens amis de Motiers. Il a souvent été question d'eux. Cf. les *Confessions*.

toute ma vie la même estime et le même attachement, ce qui m'est encore particuliérement cher comme ami de Mylord Mareschal. J'ai été bien ému de ce que vous m'avez écrit des stoïques arrangemens de M. Roguin. Je lui ai écrit dans la plénitude de mon cœur deux mots que j'ai prié Monsieur votre fils de vouloir bien lui faire passer. Voilà ma bonne amie et ma bonne Cousine rapprochées l'une de l'autre. Quelles sont heureuses et que ne puis-je avoir ma part du même bonheur. Je vous prie de vouloir bien lui dire qu'elle suspende ma commission de papier jusqu'à nouvel avis, parce que j'en ai receu d'un autre côté que je garderai peut-être. Ma femme qui est à peu près rétablie vous envoye mille respects et salutations. Recevez, chère amie, les miennes de tout mon cœur.

LXVI

A Madame

*Madame Boy de la Tour, née Roguin, rue Lafont,
à côté de l'Hôtel de Ville, à Lyon.*

A Monquin, le 14 Xbre 1769.

Comme la cordialité de vos lettres, trés chére amie, m'empêche de croire abuser de votre complaisance en continuant de m'en prévaloir, voici dans la boite qui vous sera remise avec cette lettre un nouvel embarras dont je vous prie de vous charger. Ce sont des plantes et des graines destinées pour Madᵉ la Duchesse de Portland[1]. J'ai mis cette boite à l'addresse qu'elle m'a donnée pour Paris où je vous prie de vouloir bien l'envoyer franche de Port par la diligence en donnant en même tems un mot d'avis par la poste au Chᵉʳ

---

1. Dans une lettre à Coindet, du 1ᵉʳ septembre 1767, il s'intitulait déjà « herboriste de Madame la duchesse de Portland ».

Lambert afin qu'il ait soin de la faire retirer et partir pour la destination. Si la boite doit être ouverte et visitée je vous supplie instamment de recommander qu'on y aille bien doucement et qu'on remette exactement tout comme on l'aura trouvé; car ces plantes séches sont si fragiles que pour peu qu'elles soient derangées elles arriveront en poussiére à leur destination.

L'Épinette que vous m'avez envoyée [1] est excellente et je vais m'en amuser avec grand plaisir à présent que me voila délivré de ma récolte de foin qui m'a donné beaucoup d'embarras pour trés peu de chose. M. d'Ivernois m'a envoyé en dernier lieu encore un livre de Botanique dont je me serois bien passé, mais qu'il faut payer puisque je l'ai receu. Il me marque qu'il coûte douze francs. Si vous étiez à portée de les lui faire rembourser je vous serois bien obligé de vouloir bien prendre cette peine.

J'espère que tout continue à se porter bien

---

1. Cf. pag. 193.

chez vous. Un mot de votre part achevera de m'en assurer, ainsi que du bon état de la chére Cousine et de sa famille. Mad⁰ Renou se porte bien, moi passablement jusqu'ici et nous vous faisons l'un et l'autre nos plus tendres amitiés et salutations.

Si l'affranchissement de la boite faisoit le moindre obstacle, ou rendoit l'envoi moins sûr, il n'y auroit pas d'inconvenient à s'en dispenser.

Afin d'éviter les doubles emplois, je vous préviens une fois pour toutes que la coquetiére sera toujours payée ici [1].

LXVII

A Madame

Madame Boy de la Tour, née Roguin, à Lyon.

A Monquin, le 2 Janvier 1770.

J'attendois, trés chére amie, pour vous remercier et vous et ma chére Cousine de vos

1. Cf. page 172, note 1.

cadeaux le départ de la Messagére qui doit vous reporter le panier, mais elle tarde si longtems que je m'en ennuye, et je veux au moins vous dire que les confitures me font grand plaisir et que le vin me fait grand bien. C'est un secours aussi salutaire qu'agreable contre la rigueur de la saison et celle du logement que j'habite, véritable glaciére où le plus grand feu ne fait que me rotir d'un coté tandis que je gèle de l'autre. Je me réchauffe l'estomac et le cœur en buvant de cet excellent vin et pensant à celle qui l'envoye, mais pour les extrémités elles sont si glacées qu'il n'y a rien qui les puisse dégeler. J'ai tellement l'onglée aux doigts qu'il m'est impossible d'écrire. Lisez donc dans mon cœur, trés chéres amies, ce que mes doigts ne peuvent tracer, et croyez que les tendres amitiés et salutations que nous vous envoyons l'un et l'autre ne se ressentent pas des froides impressions de la saison ni du lieu.

Cette lettre part trois jours plus tard que la date.

LXVIII

A Madame

Madame Boy de la Tour, née Roguin, à Lyon

Monquin { Pauvres aveugles que nous sommes! / Ciel, démasque les imposteurs, / Et force leurs barbares cœurs / A s'ouvrir aux regards des hommes. } 17 $\frac{22}{1}$ 70 [1].

Il faut partir d'ici, Madame, plustot que je n'avois compté[2]. Comme je sais que les tracas qui me regardent ne vous sont pas importuns, je viens à vous sans scrupule pour vous consulter sur mon démenagement. Outre mes incomodités, la rigueur de la saison, les mauvais chemins, plusieurs choses m'embarrassent.

---

1. Lisez 22 janvier 1770.
2. Thérèse s'était prise de bec avec une fille de ferme qui accusait Jean-Jacques de l'avoir séduite. C'était une virago; il l'appelle le *capitaine Vertier*, le *bandit en cotillon*. Il écrivait à de Saint-Germain : « Assurément le violateur de la chaste Verthier doit être un terrible homme et le plus difficile des travaux d'Hercule doit peu lui coûter après celui-là. » Il quitta, de guerre lasse, son château de Monquin et partit pour Lyon d'où il se rendit à Paris.

Mon herbier et mes livres de botanique feront au moins trois lourdes malles, et nos hardes à peu près autant ; quoique je me soucie peu de tout ce bagage, je ne veux pas le laisser ici. Si une charrette pouvait venir le charger, une chaise ou un cabriolet suffiroit pour nous conduire : la plus grande difficulté seroit pour l'une et l'autre voiture, de venir sur cette hauteur, d'où le trajet jusqu'au grand chemin, sans être impraticable, n'est pas aisé. Un autre expédient seroit d'envoyer une bonne chaise jusqu'à Bourgoin où nous descendrions avec tout notre bagage dans un charriot que je pourrois peut-être trouver ici ; delà nous partirions avec nos hardes derriére notre chaise consistant en deux ou trois malles, et je pourrois déposer le reste dans quelque maison de Bourgoin jusqu'à l'occasion de le faire partir pour Lyon. Ce dernier parti me paroit plus embarrassant que l'autre. Je vous consulte d'avance sur cet arrangement pour vous donner le loisir d'y penser et de m'en dire votre avis à votre comodité; car il me paroit impossible sans des embarras extrêmes, sans la perte de mes provisions, sans exposer manifestement la santé de ma femme et la mienne, de partir ici avant le commencement de Mars. Il faudra aussi qu'avant ce tems-là vous ayez la bonté de renvoyer chercher l'épinette par le même homme : car je n'oserois m'exposer à la renvoyer d'ici par un gros lourdaut qui la briseroit peut-être en route. Je serois même bien aise d'être prévenu du départ de cet homme, afin que si j'avois de la toile cirée ou autre chose à faire venir de Lyon l'on put se servir de lui. Veuillez, je vous prie, consulter avec ma Cousine sur tout cela afin que s'il vous vient de meilleures idées, j'aye le tems de m'y conformer.

Bonjour, Madame, je trouve toujours de la consolation dans les malheurs qui me rapprochent de vous, et je vous assure que c'est avec un véritable empressement que j'attends le moment de revoir cette excellente Maman, cette aimable Cousine, et toute cette belle famille qui m'a témoigné tant d'amitié et qui me sera toujours chére.

ROUSSEAU.

Ma femme vous fait mille salutations.

LXIX

A Madame

Madame Boy de la Tour, née Roguin, à Lyon.

A Monquin { Pauvres aveugles que nous sommes ! / Ciel, demasque les imposteurs, / Et force leurs barbares cœurs / A s'ouvrir aux regards des hommes. } 17 $\frac{7}{3}$ 70.

Vous m'avez écrit, excellente Maman, une lettre bien tendre, qui m'a fait grand plaisir, et dont je suis bien impatient d'aller vous remercier. En voici le tems qui s'approche, et j'en compte les minutes avec grand empressement. Il faudroit pour cela que vous voulussiez bien prier la chére Cousine d'envoyer chercher l'Épinette un des prémiers jours de la semaine prochaine, et nous conviendrions du reste par le retour de celui qui la portera. Cet arrangement nous devient même absolument necessaire par l'épuisement de nos provisions qui nous couteroient beaucoup d'embarras et de dépense à renouveller et auxquelles nous ne pourrions suppléer en détail que par des embarras encore plus grands. Ainsi c'est tout de bon qu'il faut partir d'ici dans quinze jours au plus tard. Puisque vous voulez bien, Madame, et votre chére fille avoir les tracas de ce démenagement, c'est à présent qu'il faut songer à me rendre ce bon office ; je l'accepte, je vous assure, avec reconnaissance et sans répugnance, certain du bon cœur avec lequel vous le remplissez.

Depuis l'envoi de la boite de plantes à Mad^e de Portland[1] nous n'en avons plus parlé et j'ai

---

1. Cf. p. 203.

tout lieu de présumer, n'en ayant aucune nouvelle d'aucune part, qu'elle n'est pas arrivée à sa destination. J'en ai écrit à Mad° de Portland. Point de réponse. J'en ai écrit au Chevalier Lambert. Point de réponse. Veuillez, trés bonne Maman, aller aux enquêtes de cette boîte pour savoir ce qu'elle est devenue. Elle est le fruit de mon voyage de Pila que j'ai fait exprès et d'un travail de trois mois depuis mon retour. Si j'ai le malheur qu'on se soit amusé à l'intercepter en route, je vous supplie instamment de vouloir du moins faire en sorte que je sache qui, comment, et pourquoi.

Ma femme le cœur ainsi que moi plein de vos bontés et qui vous prie d'agréer ses tendres respects, auroit à vous présenter aussi pour son compte une petite requête, au sujet de sa petite basse cour, composée de sept jeunes jolies poules et d'un coq. Tout cela sont ses élèves, et nous ne saurions nous résoudre elle ni moi à manger les poules dont nous avons mangé les œufs. Vous devriez bien, chére Maman, donner azyle à ce petit serrail dans votre maison de campagne, à condition toutefois qu'elles auront chez vous la même liberté qu'elles ont ici, ce qui se peut ce me semble, sans grand inconvénient, puisque votre jardin est à vous, au lieu que par la raison contraire elles ne sauroient jouir à Fourvière de la même liberté. Si vous consentez à exercer cette petite hospitalité, il faudroit en envoyant la charrette y mettre un panier où l'on put loger la petite famille de façon qu'elle vous arrivât saine et sauve. Il nous reste aussi quelques pommes qu'il est inutile de laisser ici. Un autre panier pour les mettre feroit l'affaire, dût le Chartier les manger en chemin. Je crains que nous n'ayons assez de petit attirail dans nôtre chaise pour n'y pouvoir rien ajouter sans embarras. D'ailleurs je prévois que la charrette sera si peu chargée que j'aime mieux envoyer par elle tout ce dont nous pourrons nous passer avec nous.

J'espére que tout continue à se porter bien chez vous. Mais la Cousine m'a marqué que sa fille étoit menacée de la coqueluche; je vous prie, vous ou elle, de m'en donner des nouvelles par l'homme qui viendra chercher l'Épinette, ou plus tot si vous m'écrivez. Ma femme a toujours ses rhumatismes, et du reste nous allons l'un et l'autre cahin caha. Conservez, trés bonne Maman, votre chére santé, et aimez toujours un peu deux infortunés qui vous seront attachez toute leur vie.

Il ne faudra pas que l'homme oublie sa corde pour attacher l'Épinette, et je voudrois bien qu'il me fist l'emplette d'un paquet de bonne fiscelle assez forte pour attacher de gros paquets En vérité j'ai honte de mes importunités.

LXX

A *Madame*

Madame Boy de la Tour, née Roguin, à Lyon.

Monquin { Pauvres aveugles que nous sommes ! / Ciel démasque les imposteurs / Et force leurs barbares cœurs / A s'ouvrir aux regards des hommes. } $17 \frac{16}{3} 70$.

Je crains, Madame, que les chemins qui déjà n'étaient guère ici praticables ne le soient devenus encore moins par la neige qui est tombée hier au soir. Cependant deux jours de soleil ou de vent chaud peuvent tout remettre en état; c'est pourquoi je suis d'avis, quoiqu'à regret, que l'envoi des voitures encore soit retardé, que la charrette n'arrive ici que Jeudi matin 22 et la chaise le Samedi suivant 24. Je prendrai d'ici là des informations plus sures et si vous n'avez point de mes nouvelles jusqu'alors j'attendrai l'une et l'autre voiture les jours ci-dessus marqués. Il est impossible qu'elles trouvent sans d'extrêmes embarras à se loger ni à Monquin ni au voisinage, et si elles ne peuvent coucher à Domarin ni dans la route il faut absolument qu'elles aillent coucher à Bourgoin. Il est donc entendu que si d'ici là nous n'avons plus de nouvelles l'un de l'autre nous nous en tiendrons à cet arrangement définitif.

A l'égard du vin, comme il m'en reste beaucoup moins que je ne croyois, ce ne sera pas la peine, même quand cela seroit praticable d'envoyer un panier pour en charger sur la charrette : mais s'il y avoit une cave dans la chaise ou qu'on pût y mettre une cantine je ne serais pas fâché d'en emporter avec moi six ou huit bouteilles en supposant que les entrées ne coutent pas plus de dix sols la bouteille, ce qui seroit plus cher que le vin. Comme le oui ou le non sur cet article me sont presque indifférens, je ne voudrois pas que vous ajoutassiez pour cela le moindre embarras à ceux sans nombre que je vous donne. A samedi donc 24 au soir si rien de nouveau n'arrive. Nous embrassons la bonne Maman, la belle Cousine et leur chère famille.

LXXI

A Madame

Madame Boy de la Tour, à sa campagne.

A Lyon { Pauvres aveugles que nous sommes! / Ciel, démasque les imposteurs / Et force leurs barbares cœurs / A s'ouvrir aux regards des hommes. } 17 $\frac{7}{6}$ 70.

Après avoir goûté si délicieusement le plaisir de vivre auprès de la meilleure des Mamans, pourquoi faut-il que je m'en éloigne et que je sente aussi cruellement la privation d'un bien qui m'étoit si cher et auquel vous m'aviez accoutumé? Je veux espérer que cette privation ne sera que passagere, et qu'enfin il me sera permis de ne suivre que mes penchans. Vous savez à combien de titres ils me rapprocheront de vous, et votre adorable Madelon que j'ai eu le plaisir de posséder ici quelques heures avec son frére ainé, n'est pas comme vous savez bien la seule personne qui rappelle mon cœur en ce pays. Ma charmante tante, ma belle grand Maman, leurs aimables fréres, sont autant de cordons qui renforcent le lien qui m'attache à leur excellente Maman. En attendant que je revienne goûter un bonheur dont je sens le prix, je vous laisse une figure que je desire qui reste au milieu de vous autrement que sur la toile et qui ne vous soit jamais étrangére, et moi j'emporte en échange un cœur plein de vous et de tout ce qui vous appartient.

R.

Ma femme vous dit les mêmes choses et ne s'éloigne pas de vous avec moins de regret que moi. Je tâcherai de ne pas oublier le petit herbier de ma tante, comme elle a oublié ma piéce de Clavecin, mais il faut que j'attende un peu de repos et de loisir pour y travailler.

LXXII

A Madame

Madame Boy de la Tour, née Roguin, à Lyon.

A Paris { Pauvres aveugles que nous sommes! / Ciel, démasque les imposteurs / Et force leurs barbares cœurs / A s'ouvrir aux regards des hommes. } 17 $\frac{5}{7}$ 70.

J'attendois, Madame, depuis mon arrivée le moment de vous écrire au long et plus à mon aise quand je serois un peu délivré des premiers tracas. Dans cet intervalle j'ai eu le plaisir de voir ici Monsieur votre frére qui s'est chargé de vous donner de mes nouvelles : mais je ne puis différer plus longtems à vous demander des votres et à vous témoigner le tendre souvenir que l'aimable accueil que j'ai receu de vous et de toute vôtre charmante famille a laissé dans mon cœur. Il ne manquoit chez vous à la douceur de ma vie que de voir la demeure de ma chére Cousine un peu plus rapprochée de la votre et de pouvoir vous partager mon tems ainsi que mon cœur. C'est une bien douce tyrannie que celle de ma tante, ce sont de petites humeurs bien attirantes que celles de ma grand-maman, mais comme elles ont toutes deux leur place dont depuis mon départ je sens bien le vide, leur chére sœur a aussi la sienne qu'en son absence rien ne peut remplir. Messieurs vos fils de jour en jour encore plus caressants plus aimables ont bien aussi leur part à mes regrets. Ma femme les approuve et les partage. Nous ignorons comment le Ciel ou les hommes disposeront de nous : mais vous nous avez rendu le séjour de Lyon si désirable que nos vœux ne sauroient être comblés, tant que nous vivrons éloignés.

J'ai repris ici mon ancien logement[1] et mes anciennes connaissances; j'ai eu du plaisir à les retrouver et elles ont aussi marqué de la satisfaction à me revoir. A tout prendre l'habitation de Paris peut avoir pour moi ses agrémens

---

1. Il donne son adresse plus loin.

ainsi que ses avantages, et puisque ma situation présente m'en fait une nécessité je m'y soumettrai sans beaucoup de peine. Ainsi résolu de m'y fixer, au moins pour un certain tems je me détermine à y faire venir mon herbier et mes effets ; et si Monsieur votre fils veut bien selon ses obligeantes offres m'expédier le tout par les roulliers ou Guimbardes à l'addresse de *M. Guy, chez Mad° la Veuve Duchesne Libraire rue St Jacques,* je lui en serai obligé. Il aura la bonté de faire envelopper de toile cirée et bien corder l'herbier qui sans cela ne supporterait pas le transport non plus que les autres malles et caisses ; il voudra bien aussi donner avis de l'envoi à M. Guy, ou à moi, afin qu'on fasse à tems les démarches necessaires pour retirer le tout soit de la Douane, soit de la chambre Syndicale. Depuis longtems je me prévaus jusqu'à l'indiscrétion des soins obligeans de M. Boy de la Tour et des vôtres. Mais ce qui me console un peu de cette importunité est d'être sur que vous la souffrez avec plaisir.

J'écris si à la hâte que je n'ai pas même le tems de relire ma lettre. Je vous prie d'en pardonner l'inlisible griffonnage. Mon adresse est *rue Plâtriére à l'Hôtel du St Esprit*. Ne la donnez je vous prie à personne, afin que je ne sois pas accablé de lettres. Bonjour, Madame; j'embrasse tous vos chers enfans et leur excellente Maman de tout mon cœur; ma femme en fait autant et avec le même zèle.

ROUSSEAU.

Grand merci de la bonne provision de vin. Elle nous a fait grand bien durant la route, et nous en avons apporté jusqu'ici.

LXXIII

A Monsieur

Monsieur Boy de la Tour l'aîné, à Lyon.

A Paris { Pauvres aveugles que nous sommes! / Ciel, démasque les imposteurs / Et force leurs barbares cœurs / A s'ouvrir aux regards des hommes. } 17 $\frac{16}{7}$ 70

Je reconnois, Monsieur, vos attentions accoutumées dans l'avis que vous avez eu la bonté de me donner au sujet des lettres qui vous sont parvenues à mon addresse et vous devez reconnoitre ma négligence ordinaire dans le retard de ma réponse et de mes remerciemens. Je suis pourtant un peu plus excusable en ce moment qu'à l'ordinaire, vu qu'on ne me laisse pas trop disposer de mon tems. Je pense qu'il vaut mieux attendre une occasion que de m'envoyer ces lettres par la poste. La lettre de Madame votre Mére m'a fait le plus grand plaisir; il me tarde de répondre à tout son contenu. En attendant veuillez, je vous prie, lui faire nos plus tendres salutations, ainsi qu'à Madame et Mesdemoiselles vos sœurs, et à Monsieur votre frére, et agréer aussi les miennes trés humbles et celles de ma femme.

ROUSSEAU.

Si vous avez la bonté de m'envoyer mes malles à l'addresse de M. Guy comme j'en ai prié Madame votre mére, je vous prie de vouloir bien faire envelopper et corder l'herbier de façon qu'il ne souffre point en route.

LXXIV

A Monsieur

Monsieur Boy de la Tour l'ainé, rue de la Font, à Lyon.

A Paris { Pauvres aveugles que nous sommes ! / Ciel, démasque les imposteurs / Et force leurs barbares cœurs / A s'ouvrir aux regards des hommes. } 17 $\frac{11}{8}$ 70.

Samedi dernier, Monsieur, je reçeus mon petit bagage que vous avez pris la peine de m'envoyer, et le surlendemain, je reçeus aussi avec la petite lanterne le paquet de lettres que vous me marquez n'avoir pu me faire passer plustot faute d'occasions. Je sens bien, Monsieur, tous les embarras qu'ont dû vous donner ces envois et j'en suis reconnoissant comme je le dois. J'apprends avec grand plaisir que vous étes en bonne santé ainsi que toute votre famille et que vous pensez à moi avec votre bonté ordinaire. Il n'y a pas de jour que je ne projette d'écrire à Madame votre Mére et à mes chéres Cousine et tante ; mais quelque distraction vient toujours à la traverse m'empêcher d'avoir ce plaisir. J'ai du moins celui de parler souvent d'elles et de vous avec Monsieur votre Oncle qui est mon voisin et qui me donne des nouvelles de la famille. Nous offrons ma femme et moi nos hommages à tout ce qui la compose et nous vous prions, Monsieur, d'agréer nos salutations.

ROUSSEAU.

LXXV

A Madame

Madame Boy de la Tour, née Roguin, à Lyon.

Paris { Pauvres aveugles que nous sommes! / Ciel, démasque les imposteurs, / Et force leurs barbares cœurs / A s'ouvrir aux regards des hommes. } $17 \frac{27}{8} 70$.

C'est trop prolonger mes torts, Madame, il faut enfin vous donner un petit signe de vie; encore ne sera-ce pas une réponse en régle, parce qu'il me faudroit pour retrouver vos lettres, mélées dans la multitude, plus de tems qu'on ne m'en laisse pour y répondre. J'ai du moins eu le plaisir d'avoir souvent de vos nouvelles par Monsieur votre frére et j'espère qu'il vous aura donné quelquefois des miennes. Comme nous n'avons qu'une seule chambre ma femme et moi, je suis livré sans réfuge à tous ceux qui m'obsèdent et qui tâchent de ne pas me laisser un moment de liberté, et j'ai bien de la peine à leur dérober de tems en tems quelque minute pour vous écrire en bonne fortune. Je

compte dans le courant de la semaine changer
de chambre, et me ménager, dans celle où je
passe, un petit réduit dans lequel, si ces terribles
gens ne viennent pas m'y forcer, je serai un
peu plus maitre de moi. En attendant, Madame,
recevez, et tous les votres, les assurances de mon
tendre souvenir. Je voudrais écrire à ma chére
Cousine avant son départ car ce n'est plus le
tems où son amitié prévenait ma négligence et
m'en faisoit honte ; je voudrois écrire à ma tante,
et acquiter en partie les dettes que ses charmantes agaceries ont fait faire à mon cœur. Je
suis arriéré de tout plein de devoirs qui me sont
plus agréables que faciles à remplir. Suppléez
de grace par vos soins bienfaisans à ma volonté
sans effet prémiérement auprès de vous qui
m'étes si bonne, et auprès de tous les votres
qui partagent vos sentimens. Ma femme qui
partage les miens envers vous et votre famille
me reproche de remplir si mal ses devoirs et les
miens et vous envoye les plus tendres salutations. Recevez les avec bonté ainsi que les

miennes et croyez que vôtre accueil caressant, vos soins empressés, votre amitié nous ont fait une impression qui ne s'effacera de notre vie. Voilà des arrivans; il faut finir en vous embrassant de tout mon cœur.

J'ai accusé à Monsieur Boy de la Tour la reception de mes effets et lettres. Aidez-moi, je vous supplie, à lui faire agréer mes remerciemens des peines qu'il s'est bien voulu donner pour cela.

LXXVI

Paris, 17 $\frac{26}{11}$ 70.

Je suis obligé, Madame, de vous écrire cette lettre un peu à la hâte et d'acquitter tant bien que mal en une seule fois les dettes d'une correspondance dont vous avez bien voulu faire tous les frais, mais le départ un peu précipité de Messieurs vos fils me laisse moins de tems que je n'en aurois désiré pour m'entretenir avec vous à mon aise et vous témoigner combien je suis sensible à vos bontés et à leurs attentions; j'ai eu le plaisir de les accompagner à Versailles et j'aurois tort de n'avoir pas trouvé ce voyage agréable puisqu'ils n'ont rien épargné pour me le rendre tel. Il m'a paru qu'ils employaient trop sagement et trop bien leur tems en ce pays pour y avoir besoin des conseils de personne, ils y ont bien confirmé par leur présence l'estime et la considération qu'on a généralement pour votre famille et pour la digne Maman qui l'a si bien élevée, enfin rien n'a manqué au plaisir que j'ai eu de les voir ici que de le partager avec vous et avec leurs aimables sœurs. J'apprends que vous avez celui d'avoir Madame Delessert de retour auprès de vous et qu'elle avance heureusement vers le moment qui va tripler ses devoirs, ses plaisirs et les votres. Je partagerai votre joye en en apprenant la nouvelle; il me manquera seulement d'en être témoin.

Si vous avez encore auprès de vous Monsieur

le Colonel votre frére, je vous prie, Madame, de vouloir bien le saluer de ma part. Il vient de me faire une tracasserie avec M. Dutens au sujet de la pension du Roy d'Angleterre, dont je ne le remercierai pas. Il a jugé à propos de se fourrer à mon insçu et malgré moi dans cette affaire, de solliciter la restitution de cette pension qui ne m'a point été otée, et une réponse du Comte de Rochefort dont je ne me soucie point du tout. Une fois pour toutes permettez, Madame, que je vous conjure vous et les votres de vouloir bien ne me rendre aucun service malgré moi ni me faire agir à mon insçu dans quelque chose que ce puisse être. Je prendrai la liberté de vous demander aussi qui peut vous avoir dit que M. de Choiseul m'avait offert un logement au Louvre, et pourquoi vous avez répandu cette singuliére nouvelle sans m'en parler et sans la vérifier?

Cette lettre, d'abord écrite à la hâte sur l'arrangement du départ de Messieurs vos fils, est ensuite restée en retard assez longtems par le prolongement de leur séjour en ce pays. A notre dernière entrevue ils avaient fixé leur départ à demain, et comme je compte diner avec eux aujourd'hui chez Mad° de Faugnes, je pourrai leur remettre ce soir ma lettre s'ils persistent dans leur résolution. Des tracasseries qu'on m'a faites à la poste m'ont fait presque renoncer à cette voye de correspondance, et tant que vous en aurez d'autres je vous prie d'éviter de vous servir de celle-là. Cependant de quelque manière que je recoive de vos nouvelles elles me seront toujours trop agréables pour que je ne les recoive pas toujours avec reconnoissance et empressement.

Quand vous verrez M. de Laurencin je vous prie, Madame, de lui faire de ma part mille salutations, et mes excuses de ce que je n'ai pas répondu à sa lettre, mais ma situation et mes occupations m'interdisent d'entretenir aucune correspondance et d'écrire aucune lettre si ce n'est pour affaire et par nécessité.

LXXVII

A Monsieur

Monsieur *Boy de la Tour l'aîné, à Lyon.*

Paris, 17 $\frac{28}{12}$ 70.

C'est à moi, Monsieur, à vous remercier et Monsieur votre frère des agrémens que vous m'avez procurés durant votre séjour ici; assurement j'aurois voulu de tout mon cœur vous y pouvoir être de quelque utilité, mais malheureusement vous ne pouvez me remercier que de la bonne volonté. Je suis fort aise de vous savoir de retour chez vous en bonne santé, et fort sensible à la peine que vous avez bien voulu prendre pour mes petites commissions. J'aurois désiré pouvoir rembourser à M. du Château le prix et le port du Chocolat, mais n'en ayant pas la note je vous prie, Monsieur, de vouloir la joindre à celle des autres menus frais que vous avez bien voulu faire pour moi et me mettre à portée de les acquiter. Voici une lettre pour

Madame votre Mère. Je vous prie, Monsieur, d'agreer toutes mes actions de grace et mes trés humbles salutations.

ROUSSEAU.

J'apprends par M. du Châtcau qu'outre le Chocolat que vous m'annoncez, votre envoi contient aussi un baril d'huile; comme je ne me rappelle pas qu'il ait été question entre nous de cette commission, et qu'il pourrait y avoir là du qui-pro-quo, cet huile, si M. du Château l'envoye ici comme il m'en a prevenu restera en dépot, jusqu'à ce que j'aye vos ordres ultérieurs sur sa destination, et la facture du prix et des frais, si réellement elle est pour moi.

L'affaire de l'huile est éclaircie; c'est un qui-pro-quo, comme je l'avois présumé; ainsi, Monsieur, vous voudrez bien regarder cet article comme nul.

LXXVIII

Paris 17 $\frac{28}{12}$ 70.

Je reçois, Madame, avec un sensible plaisir de nouvelles marques de votre souvenir et de votre amitié qui ne cessera jamais de m'être chére, et à ma femme qui n'est pas moins touchée que moi de vos constantes bontés pour l'un et pour l'autre. Vous nous avez envoyé aussi d'excellens marons dont je vous aurois remercié plus tot si la voye de la poste ne m'étoit fermée de quoi sans vous je me soucierois fort peu. Vous avez trop de bonté d'entrer en explication avec moi sur mes maussades gronderies; c'est assez de les pardonner et de sentir comme je m'en flatte, que mon ton dur quelque fois, vaut bien dans le sentiment qui l'inspire un langage plus cajoleur. Au reste je n'ai pas pourtant été dans mes torts si légérement crédule que si jamais j'ai le bonheur de vous revoir je ne puisse vous prouver qu'un autre à ma place ne l'eut pas été moins que moi : Mais je puis, Madame, vous protester qu'il n'appartient pas à de telles misères de causer jamais la moindre altération dans les sentimens de reconnoissance et d'attachement que je vous dois et que mon cœur vous a voués pour la vie. J'apprens avec douleur la continuation des souffrances de votre cher Oncle, mais à son âge et dans son état il n'y a qu'une manière de cesser de souffrir, et je n'ai pas le courage de le lui désirer. Ma femme et moi nous nous portons passablement. J'ai pris depuis quelque tems un petit logement assez joli quoiqu'au cinquiéme auprès de mon ancienne demeure, et je vivrois en tout avec assez d'agrément, si les sociétés où je me plais étoient moins éparses et qu'en cette saison les rues de Paris fussent plus praticables pour un pieton qui commence à s'appesantir. Bon jour, Madame, je vous envoye et de bon cœur les embrassements de l'amitié et je n'ai pas un instant cessé de compter sur la votre. Nos honneurs à tout ce qui vous appartient.

LXXIX

A Madame
Madame Boy de la Tour, à Lyon.

A Paris, le 17 Mars 1771.

Je profite, Madame, de la complaisance de M. de la Tourrette qui veut bien à son retour se charger d'une lettre que j'aurois moins tardé à vous écrire si j'avois eu d'autres occasions pour vous demander de vos nouvelles dont je suis en peine, surtout depuis que je sais que M. de Peyrou vous a envoyé une lettre pour moi, qui ne m'est point parvenue. Comme indépendamment de la poste vous avez tous les jours des foules d'occasions pour faire parvenir à Paris tout ce qu'il vous plait, et que je connois votre exactitude en ma faveur, je crains, Madame, les causes de ce retard et que quelque altération dans votre santé ou dans celle de quelqu'un de vos enfans ne vous ait fait oublier cette bagatelle. Donnez-moi de vos nouvelles, je vous conjure, le plus tot qu'il vous sera possible, je ne serai pas tranquille jusqu'au moment où je les recevrai. Vous savez qu'il ne faut pas m'écrire directement par la poste, et si par impossible, les autres occasions sures vous manquaient, M. de la Tourrette voudroit bien se charger de me faire parvenir votre lettre promptement et surement.

Les dettes que j'ai été forcé de contracter pour me mettre dans mes meubles et la gêne de ma situation présente me forcent de disposer de la petite somme qui reste entre les mains de Monsieur vôtre fils et que j'avois compté laisser à ma femme si j'avois pu pourvoir à nos besoins d'une autre façon. Je voudrois donc vous prier, Madame, de vouloir bien le prévenir que s'il peut me faire toucher cet argent en tout ou en partie vers la St Jean je lui en serai bien obligé. Je serais même bien aise d'être prevenu d'avance d'un mot d'avis afin de savoir sur quoi compter.

Je vous demande Madame des nouvelles de

toute votre chere famille ainsi que des votres, mais particuliérement de ma chére Cousine dont j'en attendois de jour en jour d'interessantes que je ne recois toujours point. Vous savez la part tendre et sincére que je prendrai toute ma vie à tout ce qui vous touche l'une et l'autre, et vous ne pouvez pas douter qu'un si long silence surtout dans la circonstance présente ne me cause une inquietude dont j'attends de votre amitié pour moi que vous voudrez bien me délivrer. Ma femme qui la partage attend de vos nouvelles avec la même impatience. Nous embrassons l'un et l'autre et vos chers enfans, et leur excellente Maman avec un attachement que l'absence ni le tems ne sauroient altérer.

ROUSSEAU.

LXXX

A Madame

Madame Boy de la Tour, née Roguin, à Lyon.

A Paris 17 ¾ 17.

Votre derniére et obligeante lettre, Madame, que m'a remise M. Du Château m'a comblé de joye en m'apprenant l'heureuse augmentation de votre famille et le bon état de la mére et de l'enfant. Vous avez pu voir par la lettre qu'a du ou que doit vous remettre M. de la Tourrette, et par celle que j'ai écrite directement à ma chére Cousine que j'étois en souci sur cet évenement. Une nombreuse et florissante famille est la plus douce récompense que le Ciel puisse donner aux vertus d'une mére de famille et son cœur ainsi que le votre est bien fait pour en sentir le prix. Dites lui je vous supplie de ma part tout ce que les sentimens que vous m'avez connus pour elle dans tous les tems doivent m'inspirer dans cette occasion, et soyez bien sure qu'en cela vous ne lui direz rien que mon cœur ne confirme et ne justifie. Comme un plaisir pur n'est pas fait pour cette vie le mien est cependant altéré par l'incomodité de mon aimable tante, mais comme vous me marquez que ce ne sera rien, et qu'on peut bien s'en rapporter là dessus à une mère telle que vous je ne m'en allarme pas assez pour ne pas attendre dans peu la nouvelle de son parfait rétablissement.

Quoique je n'eusse rien à ajouter à ce que je vous ai écrit précedemment et à Madame De Lessert, je n'ai pu me refuser de vous remercier de votre attention et du plaisir qu'elle m'a fait. J'apprens que Monsieur votre ainé va bientot faire une tournée assez considérable. J'espére que si elle doit être longue qu'il voudra bien avant son départ prendre des arrangemens pour me faire toucher au mois de Juillet au plus tard l'argent dont j'ai besoin selon ce que je vous ai marqué précedemment[1]. Je serois

1. Cf. p. 237.

bien charmé de le recevoir de lui-même s'il n'employoit que trois mois à son voyage, et qu'il repassat par Paris comme on m'en a flatté.

Bon jour, Madame, Bon jour mon ancienne et bonne amie. Ma femme qui est de moitié dans tout ce que je vous écris tant pour vous que pour ma chére Cousine, veut que je vous dise en particulier combien elle est sensible aux bontés dont vous la comblez dans vos lettres. Vous avez raison de croire qu'elle les justifie par sa reconnoissance et son attachement. Nous vous sommes l'un et l'autre acquis pour la vie et nous vous embrassons et toute votre aimable famille avec toute la tendresse de notre cœur.

LXXIX

A Madame

Madame Boy de la Tour, née Roguin, à Lyon.

Paris, 17 $\frac{5}{4}$ 71.

A peine, Madame, ma précédente lettre étoit-elle à la poste que je me rappellai tout honteux que j'avois oublié de vous remercier des truffes dont vous m'annonciez l'envoi : mais ma honte a bien augmenté en recevant cette immense provision, plus propre à une armée de gourmands qu'à un ménage comme le mien. Je suis depuis longtems dans l'usage de ne rien refuser de vous : mais un cadeau si considérable devroit faire exception. Je le reçois toutefois, ne voulant jamais répondre à vos bontés par des procédés qui puissent vous déplaire, et je ne puis me refuser ces deux mots de remercimens pour réparer mon étourderie, n'ayant au surplus rien à ajouter à ma précédente lettre sinon de vous demander des nouvelles de mes chéres Cousine et tante, et de vous reitérer pour ma femme et pour moi nos plus tendres salutations.

LXXXII

A Madame

Madame Boy de la Tour.

à qui Madame de Lessert est priée de ne la remettre qu'en main propre par quelqu'un qui ne cessera de la cherir et de l'honorer jusqu'à son dernier soupir.

A Paris le 20 Juillet 1771.

Quoi, Madame, votre vertueux Oncle a terminé sa carriére, et il faut, pour me rendre cette perte encor plus amére que je l'apprenne d'un autre que vous! Des deux maniéres de perdre ses amis par leur mort ou par leur changement la prémiére est au moins dans l'ordre de la nature, et l'on n'en peut accuser personne; mais la seconde est encore plus sensible, comme un ouvrage de la volonté. J'ai été négligent sans doute ; ce défaut ne m'est pas nouveau ; mais vos bontés le couvroient autrefois et l'amitié vous empêchoit de compter avec moi. Je suis ce que j'étois, mes défauts, ainsi que mon attachement pour vous et pour votre fille sont restés les mêmes. Je sens du changement, cependant ; d'où vient-il? Ce n'est pas de moi. Il y a longtems que je m'apperçois que quelqu'un se cache et s'interpose entre vous et moi ; j'en ai même des preuves, et je ne vous ai pas trop caché que j'en étois affecté. J'espérois que cela produiroit entre nous quelque éclaircissement. Mais il est naturel que les ouvriers de tenebres craignent la lumiére et que ceux qui vous aliénent de moi n'en veuillent point. Il l'est moins qu'ils reussissent, et que leurs manœuvres souterraines ne vous révoltent pas. Madame, je n'ai pas mérité votre changement ni celui de votre fille, et je ne l'imiterai pas. Je vous resterai toujours attaché, je me souviendrai toute ma vie de vos anciennes bontés pour moi, sinon peut-être avec le même plaisir, du moins toujours avec le même attendrissement et la même reconnaissance.

Mon respectable ami Monsieur Roguin a cessé de souffrir. Il jouit maintenant du prix de ses vertus : car j'ai toujours pensé que les hommes seront jugés sur ce qu'ils ont fait bien plus que sur ce qu'ils ont cru, et sa récompense est bien sure, quoiqu'il n'ait pas eu le bonheur d'en jouir d'avance en l'espérant. Une idée encore m'est consolante dans ma douleur. C'est de penser que l'addresse et l'imposture ne déguisent plus à ses yeux la vérité des choses, et que s'il pense à son ami infortuné il rend justice à ses sentimens, à ses principes et au sincére et pur attachement qu'il eut pour lui. Affecté de cette perte et par elle-même et par tout ce qui me la rend irréparable, je me vois mourir par dégré dans tout ce qui donne un prix à la vie, et destiné, si je vis longtems encore, à ne rester sur la terre que pour m'y pleurer tout vivant. Car c'est un fait ; les nouveaux attachemens ne sont plus de mon âge, encor moins de ma situation, et je vous laisse dans mon cœur un nouveau vide, il ne sera plus rempli. Il faut finir cette triste lettre ; je m'efforcerois en vain d'y prendre un ton moins plaintif. La perte de M. Roguin me rappelle avec force les heureux tems de notre connoissance. Combien il falloit peu pour mon bonheur ! Hélas que dis-je, il auroit fallu beaucoup : c'eut été de ne connoître que des gens qui lui ressemblassent. Mon vertueux ami, vous êtes allé m'attendre. Ils auront beau faire. Nous nous rejoindrons en depit d'eux.

Pardonnez cette effusion de cœur, en vous souvenant toutes deux que c'est avec vous qu'elle s'est faite.

ROUSSEAU.

LXXXIII

A Monsieur
Monsieur Boy de la Tour, l'aîné à Lyon.

A Paris 17 $\frac{3}{1}$ 72.

J'attendois, Monsieur, pour répondre à l'obligeante lettre que vous avez pris la peine de m'écrire le 17 du mois dernier, de pouvoir vous parler de la commission dont vous aviez chargé M. Turot. Il me remit hier contre mon reçeu de pareille somme les 1232 l. 10 s. mentionnés dans votre lettre. Il n'a pas moins fallu que la plus indispensable nécessité pour m'engager à retirer successivement ce petit dépot que je savois plus assuré dans vos mains que dans les miennes, et j'espére que vous nous rendez à vous et à moi assez de justice pour être sur que faisant tant que de le reprendre, ce n'étoit pas pour le placer en d'autres mains.

Je suis fort aise, Monsieur, que la rustique partie du gros Caillou vous ait laissé la bonne intention de la renouveller à votre prémier retour dans cette ville; je prends ce qu'il vous plait de m'en dire dans votre lettre pour une parole dont je vous somme, ce que j'espére que vous viendrez bientot dégager. Je suis bien réjoui des nouvelles que vous me donnez de la santé et du souvenir de Madame votre Mére de

Madame et de Mesdemoiselles vos sœurs. En attendant que je m'acquite moi-même d'un devoir dont mon cœur me presse autant que mes obligations, nous vous prions, ma femme et moi, de leur faire agréer nos hommages et de leur renouveller les assurances de notre immortel attachement. Ne nous oubliez pas non plus je vous supplie auprès de Monsieur votre frére et recevez avec bonté nos trés humbles salutations.

ROUSSEAU

Je joins ici le billet qui me restoit de vous, et que M. Turot ne m'a pas demandé.

> Pauvres aveugles que nous Sommes,
> Ciel démasque les imposteurs,
> Et fais que leurs barbares Cœurs
> Puisse S'ouvrir aux regards des hommes.

LXXXIV

A Madame

Madame Boy de la Tour, née Roguin, à Lyon.

A Paris 16 Avril 1772.

Je ne sais presque plus, Madame, comment rompre un si long silence, mais je puis encor moins le garder plus longtems: il pèse trop sur mon cœur. Cette espèce de sort m'est aussi commune qu'à vous de la pardonner, et j'espère qu'en cette occasion vous n'aurez pas moins d'indulgence puisque jamais je n'en eus plus besoin et ne la desirai d'avantage. Depuis six mois le travail étant venu avec abondance, ce qu'il n'avoit pas encore fait, j'ai creu devoir m'y livrer tout entier, et j'ai passé l'hiver cloué sur ma chaise avec une telle assiduité, que de peur de rebuter les pratiques je ne me suis permis aucune distraction. J'étois pourtant continuellement sollicité de vous écrire et à ma Cousine, tant par mon propre désir que par ma femme qui ne cessoit ses représentations et ses reproches. Mais fatigué de tenir la plume, je la quittois pour faire quelques tours de chambre parlant souvent de vous, y pensant encore plus souvent mais ne pouvant me mettre à vous écrire. Voila, chère amie, non l'excuse mais la cause de mon tort. Veuillez l'oublier je vous en conjure, et donnez-moi bien vite quelque signe de souvenir qui m'assure que votre amitié n'a pas plus receu d'altération que la mienne.

Vous dirai-je encore un enfantillage digne de votre pitié. J'avais promis un petit herbier à ma petite tante. Honteux d'un si long retard je voulois rassembler quelques échantillons pour faire au moins acte de bonne volonté. Mais, toujours voulant tout faire et ne faisant jamais rien, j'ai laissé venir l'hiver sans avoir rien rassemblé qui valut la peine et réduit à quelques misérables débris je voulois attendre la saison de les completter et d'y ajouter de quoi faire un petit recueil. Mais enfin ennuyé d'attendre la saison des plantes encore plus paresseuse que moi j'aime mieux envoyer mon herbaille telle qu'elle est que de m'exposer encore aux tours que ma paresse peut me jouer. Le Paquet est si petit que j'ai peur qu'il ne se perde à la diligence qui d'ailleurs est très loin dici ; et comme il fait fort mauvais, que je n'ai d'autre domestique et commissionnaire que moi, s'il arrivoit que vous pussiez m'indiquer dans ce quartier quelqu'un à qui pouvoir le remettre cela me seroit, je l'avoue, d'une grande comodité. Donnez-moi bien vite et bien amplement de vos nouvelles, je vous en conjure, et de toute votre chére famille par qui seule je ne me sens pas isolé sur la terre. Que fait l'adorable et respectable nourrice, que font ses charmants enfans ? Qu'ils seront parfaits si l'œuvre de sa tendresse et de la votre suffisent pour les rendre tels avec ce que la nature a déjà fait pour cela. Ma charmante tante, ma belle grand Maman songent elles quelquefois à leur vieux éleve à qui elles n'ont pas laissé le pouvoir de les oublier. N'avez-vous rien à m'apprendre qui les regarde ; il me semble que vous devriez bientôt avoir quelque bonne nouvelle à me donner, soit d'elles soit de Messieurs vos fils auprès desquels je me recommande à vos bontés.

Je voudrois savoir si Madame De Lessert se propose de remonter de bonne heure à Fourviére ; si c'est tout de bon qu'elle veut amuser sa fille de la connaissance des plantes ? Je serois comblé de pouvoir au moins dans ces bagatelles aider à ses soins maternels. Je me ferai le plus délicieux amusement de concourir aux siens en lui communicant là-dessus mes idées. Mais je vous avoue que ma paresse seroit moins évertuée si je croyois qu'elle ne suivit cette petite étude que par complaisance, et comme on dit, par manière d'acquit. Je vous demande, Madame, de vouloir me parler là-dessus de bonne foi.

Je suppose et j'espére que votre santé desormais bien raffermie ne vous laisse plus rien que de bon à m'en dire ainsi que de tout ce qui vous appartient, et dans cet espoir nous attendons ma femme et moi la confirmation de cette heureuse attente par quelques mots de votre part qui rejouiront deux cœurs qui vous sont acquis pour la vie.

ROUSSEAU.

LXXXV

A Madame

Madame Boy de la Tour, à Rolle.

A Paris, le 22 8bre 1772.

Je ne veux pas, ma chére amie, laisser partir Monsieur votre frére sans vous donner un petit signe de vie dont il veut bien se charger. J'ai appris par lui et par Madame de Lessert l'accident de votre pié, les longues douleurs qu'il vous a données, et enfin votre rétablissement qui vous a permis le voyage de Rolle. Vous avez éprouvé près de vos chéres sœurs toute l'activité de leur zèle et de leur amitié, et je suis bien sur que la charmante Julie a rempli dignement dans cette occasion les mêmes tendres soins que j'ai vu si bien remplir par son ainée en pareille occasion. Enfin vous voilà bien rétablie de tout point et je vous exhorte ardemment à garder toujours le souvenir de tant de rechutes de toute espèce pour vous en garantir desormais par la plus scrupuleuse attention sur vous même tant à table qu'à la promenade. Évitez soigneusement les lieux raboteux, ne vous promenez qu'appuyée sur quelqu'un et ne vous fatiguez jamais trop.

Vous nous ramenerez donc ma chére Tante. Je m'en rejouis fort pour mon compte, car étant à bien des égards plus à portée de Lyon que de la Suisse, mon intérêt me fait préférer qu'elle y trouve l'établissement qui lui convient. Comme elle a reçeu de la nature, de votre exemple, et de vos leçons, tout ce qui de la part d'une femme aimable et sensée peut contribuer à rendre un ménage heureux, je désire de tout mon cœur apprendre bientôt que sous vos yeux et sous vos auspices elle remplit à l'imitation de sa digne sœur, une si précieuse destination.

Le petit herbier que je lui destinois ne se trouva prêt que quand Madame de Lessert m'eut avisé de vôtre départ. Cela fit que ne sachant où le lui envoyer ni où lui écrire je priai M. Guyenet de le remettre en passant à ma Cousine. Au lieu de cela, ne passant point à Lyon, il fit faire au paquet cent tours inutiles et à force d'incurie et de malentendus, il l'égara si bien que je le croyois tout à fait perdu quand après bien des circuits il parvint enfin à l'adresse que j'y avois mise, et où ma Tante le trouvera à son retour. C'eut été une très petite perte, mais je serois fâché que cette chére Tante, qui s'est si souvent occupée de son neveu avec tant de bonté, doutât un moment du plaisir qu'il prendra toujours à s'occuper d'elle et pour elle.

Bon jour ma bonne et chére amie. Rien

n'est plus juste que de satisfaire l'empressement de vos hotes de Rolle et le votre à y répondre. Mais n'oubliez pas cependant que l'hyver approche et qu'il ne faut pas vous exposer à voyager dans une saison trop rude. J'aspire au moment de vous savoir heureusement de retour à Lyon en bonne santé, ou plus à portée d'avoir immédiatement de vos nouvelles ; j'espére en recevoir un peu plus réguliérement, non par vous-même qui ne devez pas, et je vous en supplie, vous fatiguer à écrire, mais par vos chères filles, qui voudront bien, je m'en flate, me rendre cet office d'amitié. Ma femme vous prie d'agréer ses devoirs, nous saluons l'un et l'autre ma chére Tante, et moi, ma bonne amie, je vous embrasse de tout mon cœur.

ROUSSEAU.

Je vous prie de vouloir bien faire passer ce billet à sa destination par une voye sure qui le remette en mains propre, et qui vous transmette la réponse, que vous aurez la bonté de me faire passer à votre comodité.

LXXXVI

A Madame

Madame Boy de la Tour, à Lyon.

A Paris le 18 Janvier 1773.

Quoiqu'il n'y ait pas longtems, ma bonne amie, que j'ai receu par Mad^e de Lessert de vos nouvelles et des siennes, et que j'en aye encor plus recemment quoiqu'indirectement par M. Lalliaud qui passant derniérement à Lyon a rencontré M. De Lessert, néanmoins l'interessante époque dont approche votre excellente fille me fait desirer d'en apprendre l'heureux événement aussitot qu'il sera possible, et je m'adresse pour cet effet à sa digne Maman, non pour qu'elle veuille me donner cet avis elle-même, sachant que d'écrire nuit à sa santé, mais pour qu'elle engage mon aimable tante à prendre ce soin. Car je crains que les occupations de M. Gaugé ne l'empêchent d'être aussi exact sur cet article que je l'en avois prié. Les miennes me tiennent, surtout en hiver, cloué à ma besogne avec une telle assiduité que je n'ai plus le tems ni le courage d'écrire aucunes lettres, et que les exceptions mêmes que m'impose mon tendre attachement pour mes bonnes amies se sentent de la hâte avec laquelle je suis contraint de m'y livrer. Compatissez, Madame, aux négligences de votre ami et soyez bien certaine que l'indifférence d'un cœur tiede n'y a et n'y aura jamais aucune part. Vous êtes si bonne et si pleine d'indulgence que je n'en attends pas moins de votre part des nouvelles exactes de tout ce qui vous interesse et qui m'interesse par conséquent. Bon jour, ma chére amie; ma femme vous assure de ses obeissances; nous nous portons assez bien l'un et l'autre, et nous vous embrassons et vos chers enfans de tout notre cœur.

BILLET

LXXXVII

Voici les billets pour la bonne Maman et ses élus. Nous la prions ma femme et moi de nous permettre d'en augmenter le nombre et nous irons pour cela sur les cinq heures nous rendre auprès d'elle.

LXXXVIII

Pour Madame Boy de la Tour.

J'envoye, ma bonne amie savoir de vos nouvelles ; pour moi je n'en ai point de bonnes à vous donner.

Permettriez-vous que M. le Tresorier eut l'honneur de diner avec vous? Je sais qu'il le desire, et moi je desire lui faire plaisir pourvu que cela ne vous déplaise pas. Dites librement oui ou non, et ne vous donnez pas pour cela la peine d'écrire ; un mot de bouche suffit.

LXXXIX

Ce 23 Juin.

A force, chére amie, de me prévaloir de vos bontés j'en abuse, et voici encore une lettre qui s'y recommande. Vous savez le vif intérest que je prends à l'homme respectable à qui elle s'addresse, quand vous en aurez des nouvelles vous m'obligerez sensiblement de vouloir m'en donner.

J'apprends que tout continue d'aller bien chez vous, je m'en réjouis d'un cœur ami c'est tout dire. Ce seroit pour ce même cœur une joye bien vive et bien pure d'aller vous en féliciter de plus près et profiter de l'invitation de ma Cousine. Ce n'est pas moi, comme vous savez qui dispose de moi. Il faut obéir premiérement à la necessité et puis aux hommes, quand je n'obeirai qu'à mes desseins je ne m'éloignerai guere de vous et d'elle. J'ai receu des nouvelles du Papa par Messieurs vos fils à qui je vous prie d'en faire mes remerciemens. Il me parle d'un ouvrage de ma façon que Lenieps lui marque être sous presse. Je croyois que mes amis se lasseroient enfin d'avoir sur de pareils bruits une crédulité si peu sensée, mais puisque la raison l'amitié la vérité n'y peuvent rien faire, ils n'ont qu'à dire et laisser dire à leur aise, pour moi je ne m'en tourmenterai plus.

J'ai appris le mariage du Peyrou. Cette nouvelle m'a peu surprise, quoi qu'elle eut bien de quoi surprendre. La jeune personne dont il a fait sa femme m'a paru d'un bon caractère autant qu'on peut juger en passant de celui d'un enfant. Tant mieux pour l'un et pour l'autre. Elle en aura besoin pour vivre heureuse et le rendre heureux. Bon jour, chére amie, continuez comme vous avez commencé de consulter en mariant vos enfans les convenances de la nature, et après celle des caractéres qui doit aller avant tout, mettez celle des ages au prémier rang.

XC

Ce Samedi.

Je ne puis, trés chére amie, vous écrire que fort à la hâte. Mon état chancellant ne me laisse former aucun projet bien fixe; mais supposant la possibilité, je serai forcé de partir d'ici le 18 au plus tard, et je compte à mon retour vous revoir à Iverdun. En attendant donnez moi ici le plus de tems que vous pourrez et si vous y avez des gens à voir, renvoyez cela jusqu'après mon départ afin que je ne perde aucun des doux moments destinés à l'amitié. Lorsque vous serez déterminée sur le jour où vous comptez venir, donnez m'en avis je vous en prie. Surtout, chére amie, je me mets à vos pieds pour vous demander le plus grand ménagement durant vôtre convalescence. Laissez-vous diriger par l'aimable Madelon, c'est-à-dire par vous-même, puisque sa raison, ses vertus, sa tendre sollicitude, sont toutes l'ouvrage de vos soins. Dieu vous rend à vôtre famille et à vos amis. Bonne mére, excellente amie, ne vous exposez plus à vous perdre.

J'ai receu de la part de Monsieur votre fils un étui dont je le remercie. Je suis trés touché de ses soins pour ma santé. Je suis content de l'emplette mais je desire que sur cet article il s'en tienne là. Je suis charmé d'apprendre qu'il a fait son voyage en bonne santé.

XCI

Pour Madame Boy de la Tour.

Ce Samedi matin.

Voila, ma bonne amie, le hallebran qui vous étoit destiné, et comme ce n'est pas cependant un aliment extrémement sain je vous conseille et vous prie de manger à la place une des deux bécassines que j'y ai jointes. Si vous aviez la complaisance et le crédit d'engager M. Chaillet de quitter vôtre diné pour le mien, je saurois grand gré à vous et à lui de ce sacrifice et cela nous mettroit à portée de faire après diné la partie d'échecs sans ennuyer personne. Faites moi dire le plus tot que vous pourrez s'il viendra ou non. Donnez-moi, chére amie, de vos nouvelles, puisque vous ne voulez pas m'en apporter à diné.

APPENDICE

M. Ferdinand Brunetière a bien voulu nous communiquer le dossier de lettres que nous publions et qui sont les réponses de Madame Boy de la Tour, de sa fille et de son fils à J.-J. Rousseau. Les originaux sont à Neufchâtel, M. Fritz Berthoud a déjà puisé à cette source mais n'a publié que quelques pages à l'état d'extraits dans *J.-J. Rousseau au Val de Travers*.

RÉPONSES DE Mme BOY DE LA TOUR

I

Yverdun, ce 20 juillet 1762.

Une lettre de vous, mon cher et très cher ami, quel plaisir, je la lis et relis très souvent, je trouve mil sujet de joie sur tout de ce que vous paressé vous plaire dans cette maison où je vous prie de tout disposer à votre fantaisie ; j'ai chargé mon homme d'affère de vous aller offrir ses services pour faire faire toutes les réparations que vous souhaitez, je veu que vous soiez à votre aise et pour cela je souscri à tout ; vous voulez que je tire un loyer, à la bonneure, à 30 de france il est sur payé ; ce n'est point dans ce pays que l'on tire parti des maisons, jamais je n'en ai tiré un liar, je l'ai prêté très souvent et avés de l'obligation à ceux qui l'occupait.

Vous auriez hu le courage, mon cher ami, da compagnier ma belle sœur, qu'il serai dou pour moi de vous voir aven que de m'en aller, il faut de toute nécessité que je retourne sur ma montagnie, j'attendrai que les challeurs ne soie pas si forte, à toute bonne fin vous en saurés le jour, vos amis et amie seron de la partie ; que ce jour aura pour moi de délice si vous y aite.

Mes sœurs me disent tant de choses pour vous que j'aurai une bille à vous envoyer si je voulai les croire, mes fillies vous respecte et chérisse et voudrai vous embrasser réellement qu'avec plaisir ; je vous tiendrai la promesse que je vous avès faite que je trouve dommage que l'on ne puisse transformer la pelotte. . . . .
. . . . . vous dite de si bonne grasse que vous m'aimé que je suis prette à le croire en revanche, disposé du cœur, de l'amitié de votre amie.

BOY DE LA TOUR née ROGUIN.

II

Vous êtes bien bon, très cher ami d'avoir de l'incietude sur mon conte, j'en suis quite pour un peu de meurtrissure, j'ai cru devoir moi-même vous le dire pour répondre à vos bonté, je me porte à merveille et me rapelle avec délice les moments heureux que j'ai passé avec vous, qui vont être troublé que par la crainte que cette terrible course ne vous incommode, jugé don très cher ami du plaisir que nous a fait votre chère lettre; depuis vous j'ai bien fait des refflexions et craint que vous ne soié pas aussi bien dans ma maison que je ne la souhaiterois. De grasse, cher ami; dite moi si je peut remédier à quelque chause je le ferai avec empressement; n'ayez égard pour personne, vivés à votre fantaisie et disposé de moi comme d'une personne qui vous ai entièrement acquise. Agrée, cher ami les devoirs de mes enfants et les embrassements de la mère.

BOY DE LA TOUR.

Mes salutations à Mademoiselle Levasseur que j'ai été charmée de connoître.

III

Votre pelisse, mon bon et cher ami, est partie hier adressée à Pontarlier à M. Glauriau, avec l'ordre de vous la faire d'abor parvenir, les 2 bonnet, la robe de camelot et son bonet une ceinture rayée, celle à filoche ne s'est trouvée faite, je vous l'enverrai par les frère Rosselet, avec la quaisse chandelle et le papié ; vous trouverez aussi dans ce paquet de la soie pour les lassets, et une piesse de ruban pour ma niesse et deux petit bonnet de Blonde pour Melle Divernoi, commission quel avès donné à ma fille.

J'espère que vous trouverez votre pelisse belle bonne et chaude, légère et qui durera éternellement moyennant qu'elle soit préservée...

... de Tartarie, tout ce qu'il y a de plus beaux et de plus de dure soie, assure que j'ai plus ménagé votre bourse que je n'aurai fait la mienne, peut aètre ai-je été trop à le conomie à l'égard de la ceinture il y en a de la même espèce, double plus large qui coute 29 et celle que je vous envoye n'en coute que 9, j'ai retenu que si elle ne vous convenait pas, on la changerai, et vous n'auriez qu'à me la renvoyé par les Rosselet qui doivent venir incessemment, si la soie ne convenai pas, elle serai aussi changée ; je revien à votre amicalle et obligente lettre qui m'a fait, Mon cher ami, un plaisir inexprimable, ma fille veut elle-même répondre par quelques lignie à ce qui la regarde, envoyé moi deux petit doit de vos joli lasset, pour que je juge de votre ouvrage, sans cela je n'en verrai de longtemps, Madelon est très fort de ce sentiment, nous vivons tres-amicalement ensemble et surtout depuis que nous revoyons remettre Julie, la joie est parmi nous, cette chère fillie met rendu, je l'espère de la grasse de Dieu, tout les mauvais sintomes, tout fièvre et sueur, l'apéti et sommeillie sont revenu, il ne lui reste que des grand mau de tette, sans cela elle serai à merveillie, la nature a travaillé presque seule, excepté des vésicatoires qui lui ont été apliqué sur la poitrine, on ne lui a fait aucun remede, elle me charge de vous dire bien des chauses de sa part, de même que mon fils qui envie l'avantage que nous avons u, il se flatte de se bonneur et attend ce moment avec impassiance.

Vous avez beau dire, cher ami vous aurés un petit apartement sur ma montagnie ou vous seré j'espère plus tranquille je suis mortifiée de ce que vous ne pouvés l'avoir à Motier, prené passiance, cher ami, j'espère que cela viendra et ne vous lassé point de dire la desçu votre sentiment, de grasse, ne me déguisé rien de la maison et si je peut maitre remède à quelque chause je le ferai sans que vous soié compromis; puisque vous voulés bien me favoriser de votre amitié, agissés en conséquence et soié assuré que vous m'obligeré de me fournir les occasions à vous prouver la mienne, je par de là pour vous dire que les réparation qui se fon dans ma maison me regarde et que vous les rabatré sur le conte que je vous enverrai dès que tout sera complet, dite moi aussi, très naturellement si vous aite content de mon envoy ; le taffeta n'aurai rien duré en doublure, je n'ai peut trouvé une plus belle toile, vous lalé trouvé bien grossière. Adieu mon bon ami, toujours tout à vous.

Boy de la Tour.

Ma fille est honteuse de vous envoyer sa lettre barbouillée, elle n'a pas le tems de la recopié. Mes amitié à Mad^{elle} Levasseur, je les offre à ma sœur et niesse.

IV

A Lion, ce 4 8bre 1762.

A mon arrivé très-cher ami, j'ai dabor pensé à vous pour vos commissions (d'alieurs ji suis continuéllement) voissi une note qui contien la peleterie qui sera de duré si vous aimmé le léger; il faut prendre le plus beaux, rien de plus fassile que de vous faire une semblable robe dont j'ai le modèlle, j'ai fait coupé un patron deven moi vous trouverez si joint dés échantillon de camelot et leur prit, vous choisirés celui qui vous conviendra le mieux, j'ai commandé une sinture; il ne s'en ai trouvé de faite qu'en rose ver ou bleu, je l'ai demendé de la couleur de votre habit et si elle est tel que vous la désiré, je serai toujours attent d'en faire faire une segonde, il se fait aussi de ces sintures d'une étoffe rayée comme les mouchoirs de col de famme, dans les couleurs vive et claire, je ne dessiderai rien que votre réponse que j'attendrai avec impassiance, on ne perdra pas un moment pour vous faire l'envoy de ces bagatelle que je joindrai à la petite quaisse chandelle et papier; que faite vous, cher ami, comme vas la santé et le contentement tout de chauses qui m'interesse infiniment, vous avés toujours des visites sans fin, j'en suis faché et voudrai vous les éparguié.

J'ai fait un voyage très heureux, j'ai trouvé tout mon monde en bonne santé, je serai contente si ma pauvre

Julie n'ètoit pas menassée de tomber dans la consomption, ce qui m'aflige, et me navre. Suivant l'ordre que j'ai donné vous auré un couple de chambres l'étée prochain sur ma montagnie; il faut espéré que vous seré là en paix, je désire votre bonheur autant que le mien et que j'aye la satisfaction de vous revoir un jour et simenter la liaison de l'amitié de plus en plus. A Dieu, cher ami, je suis et serai toujours votre dévouée amie.

Boy de la Tour.

Il faut de camelot pour vautre robe 4 aunes et demie je ne saurai vous choisir en soie que du grau de Naple ou taffeta, parsque vous voudrié de l'huni.

V

Mademoiselle Madeleine Boy de la Tour à J.-J. Rousseau.

Si je prends, Monsieur, la liberté de vous écrire, c'est pour vous désabuser sur ce que vous paroissez n'avoir pas grande opinion de mes sentiments, s'ils vous étoit connus, vous leur rendriez surement plus de justice et ne m'accuseriez pas d'oublier mes amis, puisque vous me faites l'honneur de vous mettre du nombre; vous avez la politesse de dire qu'il m'est aisé d'en trouver, peut de personnes sont aussi indulgente que vous et j'en ai bien besoin, car un bon cœur, une sincère amitiez est tous ce que je peut offrir, mais je suis constante et mes connoissances nouvelles ne prevalent point sur les anciennes. Et soyez, persuadez, Monsieur, qu'il n'est pour moi rien de plus prétieux que votre estime, quelle plaisir que j'ai eu à Rolle ou à Genève, ils ont toujours été très inférieurs à ceux que j'ai goutez avec vous ; toute promenades me sont insipides quand je pense à celle que nous fesions au bord du lac du coté de *champittet*. Les repas les plus recherchés ne sont pas comparable pour mon gout à celui que nous fîmes sur la montagne, ou la crème qui n'étoit pas servie dans de la porcelaine n'en étoit que meilleure.

L'hyver doit commencer à se faire sentir dans votre vallon où la neige n'est pas tardive. Je vous plaindrai si vous étiez tout autre que n'est M. J.-J. Rousseau d'habiter un lieu que je ne m'imagine pas être fort agréable dans la triste saison où nous entron mais où, pouvant vous voir quelquefois j'aimerai mieux habiter qu'en aucun autre lieu du monde ; Nous vous avons envoyez de la soye pour vos lacets, Je suis très sensible à l'offre obligeante que vous m'en faites. Je souhaite d'avoir encor quelque part dans votre souvenir dans ce tems où vous souhaitez, que j'en fasse usage, qui est encore dans le plus grand éloignement, et dont les bontés que ma chère mère a pour moi et que je m'efforce de mériter ne me raproche par cette meilleure des mère est présque toujours avec ses enfants ; nos conservations chéries sont celles où nous parlons de vous. Ma sœur Julie va assez bien et me charge de (en vous présentant ses respects) vous prier de ne point oublier votre tante. La grand maman qui est à Rolle s'y porte à merveille, et mois je suis avec la plus parfaite considération.

Boy de la Tour.

Lyon, ce 26 octobre 1762.

VI

A Lion, ce 1·· juin 1763.

Je ne peut, mon bon et cher ami m'empêcher de vous acuser la réception de votre chère lettre du 7 qui m'a fait un vrai plaisir, parsqu'elle est de vous et vient de vous il n'en ai pas de même de bien des chause qui y son contenue qui me chagrine. Quoi est-il possible, que l'on puisse vous inciéter et vous faire paine, vous qui devrié avoir toute la terre pour amis et protecteur. Je suis outré qu'il y aye des créature humaine qui pense si mal, que tout cela ne vous inciète point et n'infle point sur votre santé, vous avés, cher ami des ressources en vous maime que personne ne peut vous auter dont je vous prie de faire usage. Que n'étil en mon pouvoir d'y remédier, cela serai bientôt fait, mon neveu et moi feron tout, si vous dites un mot il vous est attaché comme moi de tout son cœur, ce qui me consolle c'est de vous bien sentir chès vous, car vous vous devès regardé tel chès moi; je donne ordre pour que l'on vous remette ma cave, que je vous prie de prendre, ni dussié vous rien mettre, je vous en croiais muni depuis longtems, j'ai veu avec paine le contraire; j'ai enfin reçu une lettre de M. Cler qui me dit l'ouvrage sur la montagnie presque fini, ordonné et, faite faire à votre fentésie, il a mes ordres, et vous ne saurié plus m'obliger, tout cela me sera très hutil un jour, ni épargnié rien, de grasse, je voudrai aitre à porté d'y faire travaillié moi-même.

Vous aite assé bon, cher ami, pour prendre interdi à ce qui me regarde et ma famillié, je vous dirai que je ne me

APPENDICE.   273

suis jamais mieux porté, que je la tribue au contentement,
je vis depuis que je suis débarrassé de Bailliod; de même
que mes enfants qui se porte à merveillie, excepté Julie
qui de tent antems est languissante. Un petit secret qu'il
faut que je vous communique, mon cher oncle a voulu
une explication touchan l'affère, qui lui tenai au cœur; je
lui ai dit naturellement que les idée de ma fillie n'étai
pas les nautre, et qu'il ne fallai pas penser à cet établissement; le bon Dieu veuillie que pour eux et pour moi il
prenne bien la chause, j'aime mes paren mais ma fillie
encore plus, nous vivon dans une grande union, jour et
nuit ensemble, elle fait tout mes plaisirs et moi tout les
siens; comme j'ai de mauvai pié, j'ai monté une voiture à
un cheval et nous feson des promenade delicieuse, où nous
parlon souvent de vous et où vous aite bien souhaité. C'est
assé, cher ami, abusé de votre passiance, pardonné en-
faveur de l'amitié qu'a pour vous votre affectionné amie,

BOY DE LA TOUR.

Ma famillie vous présente ses devoirs, mes salutation à
Mlle Levasseur.

P. S. M. Cherb sindic des suisses, mon protecteur et
votre grand admirateur vien de me remettre cette feuillie
avec instance de vous la faire parvenir.

VII

A Lion, ce 12 de 1764.

Je ne vous ai pas, mon cher ami acusé dans son tems la
reseption de votre chère lettre du 18 dernié, je voulai faire

vos commission qui ne son pas entierement finie, n'ayant point peut trouver de cinture, on m'en a promis pour la semaine prochaine et vous l'enverra avec l'étoffe pour votre robe d'étée que je ne me suis pas pressé d'acheter, espéran que le hazar me procurera quelque chause de rencontre, je n'ai remis aux frères Rosselet que vos 3 bonnet, les fer à repasser, il m'en assure vous avoir envoyé les galon et lasset, ce qui fait que je n'en ai pas racheté, vous trouveré aussi un carteron de sois, je n'en ai pas pris davantage, parsqu'il ne s'en trouve que de cette calité.

Ne trouvé pas mauvais, cher ami, si je refuse de prendre à l'avenir le loyer de la maison que vous occupé, vous savés que nous sommes convenue que vous l'avès plus que payé l'année échue par les réparation que vous avès faite à cette misérable maison, l'année prochaine je vous maitrai en conte les 40 livres et prendrai comme vous le désiré l'interai de votre argent pour vos commission dont je vous en ferai un fidelle conte, j'ai payé pour le caffé de M. Rasetier qu'il vous a envoyé 15 dont j'ai le reçu, vous seré aussi bien aisé de savoir ce que la sois coute pour vous la faire remboursé 16 15, je vous enverrai la notte du tout quand j'aurai fait le reste de vos emplettes, nous vous enverron aussi une nouvelle promesse de votre argent, soié tranquille, cher ami, nous ne vous feron grasse de rien, tout sera dans l'ordre.

Vos voisine vous ont quitté, j'en suis charmé, vous serès plus en liberté, votre tranquillité et bonneur m'interesse véritablement je langui de voir la fin de cette hiver par-rapport à vous, il est surtout bien vilien dans le pay que vous habité. On a déssidé ici comme ailleurs que le misérable livre ou l'on a donné votre nom n'étai pas de vous; qui peut imiter votre setil; personne ne si est trompé, vous avés dans cette ville grand nombre de partisans, vous aite aimmé, chéri et admiré, nous avons été chargé de vous faire parvenir une lettre il y a quelques tems, je ne sais si vous l'aurez reçu, on nous demande réponse et cela par main tierse, sans savoir de qui elle vient. J'abuse de votre passiance, pardon mon cher ami, je fini en vous prien de saluer Mad^{elle} Levasseur et d'agrée les devoirs de ma famillie et de me croire toujours de bon cœur et à jamais votre amie.

Boy de la Tour, née Roguin.

Les marron ont été détestable cette année sans quoi je vous en aurai un peut envoyé.

VIII

A Lion, ce 9 avrille 1764.

Rien de plus triste, mon bon amis, que l'état par lequel je viens de passer je commense depuis un couple de jour à espérer mon retablissement; le lait pouvant passer il fait ma seule nourriture, j'étai d'une foiblesse qui ne me permetai aucune aplication, sans cela je vous aurai plus tot remersié de toutes les amities dont vous avez comblé mon fils et surtout des bons conseillies que vous avez bien voulu, mon bon ami, prendre la paine de lui donner, il en fera surement bon profit, je vous en rend bien des grasses.

Ne douté pas, cher ami, du chagrien que j'ai ressenti de toute les tracasseries qui vous ont été faites, je ne serai tranquille que quand je saurai par vous que votre chère santé n'en est point allitérée, je voudrai bien encore que vous me donnassié l'espérance de vous voir; mon voyage est retardé jusques la fin de May, je serai inconsolable de vous manquer, dites-moi, mon bon ami, ce qu'il en sera, je ferai mon possible pour me procurer le plaisir de vous voir; n'avès vous point d'ordre à me donner, rien de ce pays ne pourrai-t-il vous faire plaisir; je me chargerai avec joie de vous porter tout ce que vous souhaiterée.

J'ai hu le plaisir de voir votre ami M. Duvemoi, qui m'a promis de vous aller faire dabor une visite; s'il est auprès de vous, je le prie d'agréer mes compliments. Reservé les respec de mes enfants et particulièrement de mon fils ainé, mes salutations à Mad^{elle} Levasseur; recevé les embrassement de votre fidelle amie.

Boy de la Tour.

IX

Monsieur Boy de la Tour fils ainé à J.-J. Rousseau,

Lyon, ce 8 juin 1864.

Agrées, Monsieur, que je réponde pour ma Mère à la lettre qu'elle vient de recevoir de votre part, elle se proposait d'un jour à l'autre de vous écrire lorsqu'une forte colique d'estomac la surprise au point que depuis trois semaines elle ne peut point se courber et se trouve allité depuis plusieurs jours, mais comme les remèdes ont très-bien réussy jusqu'à présent, nous espérons que dans peu de tems elle sera bien rétablie, aussy-tôt qu'elle sera en état d'écrire, elle ne manquera pas de vous donner de ses nouvelles et de vous témoigner sa reconnaissance de l'intérêt que vous prenez à ce qui la regarde, mais je puis vous assurer, monsieur, que vôtre précédente lettre n'a été luë que de ma mère et de moy et qu'elle n'est point sortie de son porte-feuille ; sur vos obligeantes informations j'écris tout de suite à M^r le chatelain Martinet sans lui faire aucune mention d'ou j'avais appris ce dont il était question, M. Cler m'a répondu à sa place en me marquant que M^r le chatelain auroit soin de notre affaire et que sans doute c'étoit Mr Chaillet de Neufchatel qui m'en avoit informé ; vous remarquerez par là, Monsieur que tout ce que M. et Mme Du Terreaux peuvent savoir n'est fondé que sur de mauvais soubçons de leur part d'ailleurs, Monsieur ce seroit mal répondre de nôtre part, dans une affaire où vous nous obligez si généreusement que de vous y compromettre. Ma mère vous auroit envoyé les chandelles que vous luy avès demandés s'il n'avoit fallu beaucoup de tems pour en obtenir un billet de sortie ; au dernier voyage des Rosselet, les challeurs étoient si fortes qu'elle n'a pas voulu les exposer en route, et nous les garderons jusqu'à ce qu'elles puissent supporter le trajet.

Nous avons pris toute la part possible à la perte que vous avez faite de Mr de Luxembourg, daignés Monsieur, en agréer nôtre compliment de condoléance.

Ma mère aprendra avec un plaisir extrême, ainsy que nous, Monsieur, que vous ayès goûté l'air de la montagne et qu'il vous aye fait du bien. — Permettés, Monsieur, que je vous assure des sentiments de l'attachement. etc.

Boy de la Tour, l'aîné.

X

A Lion, ce 27 juin 1764.

Ce pourrai-t-il, mon très cher ami que vous fussiez fâché contre moi, ce grand Madame que vous metté dans votre chère lettre du 2 me le fait croire et m'aflige, je vous ai fait dire par mon fils le sujet de mon silence, je vous ajouterais que la discrétion m'empêche de vous importuner, mais mon cœur à votre égard est et sera toujours le même, feson la pay, dite moi, cher ami 2 mot d'amitié et vous me rendé contente.

Permetté que je vous confirme que je n'ai point abusé de l'avis que vous avez hu la bonté de me donné et que vous n'avez été nommé en aucune fasson, ce n'est que par conjecture que l'on veut que vous y ayé part. J'ai été et suis des plus sensible à votre attention et vous en rend bien des grasses.

Et bien, très cher ami, allé vous faire un tour sur la montagnie, voissi bientôt le tems convenable, je souhaiteroi que vous vous y trouvassié agreablement et que vous y fissié transporté tout ce qui peut vous aitre hutille; si Mr Cler peut vous rendre servisse, il le fera avec empressement. — On me mande d'Yvernon que l'on vous attendai, j'espère que vous auré fait heureusement ce petit voyage qui vous aitai nécessère pour vous dissipé je ne veut point cher ami renouveller vos douleurs, soié assuré que j'ai prit part à vos paine.

Voissi, cher ami, une lettre que je n'ai peut refusé de vous faire parvenir, je vous aurai obligation si vous voulés lui faire un petit mot de réponse. Je vous enverai votre quaisse de chandelle dès que les grand challeur seron passé, mil salutation à Mlle Levasseur.

Agréé les devoirs de ma race et les sentimens d'amitié de votre devouée amie.

Boy de la Tour.

XI

A Lion, ce 20 juillet 1764.

Rien de plus obligen, mon cher ami, que votre chère lettre du 7, sous discrétion je me hate d'y répondre pour vous en témoigner ma reconnaissance et vous assuré que rien ne saurai changer les sentiment déstime et d'amitié que je vous ay voué; c'est avec chagrien que je voies que ma maison ne peut convenir à votre santé qui m'est trop précieuse pour auser murmuré de ce que vous la quittés, je souhaite, mon cher amis, que vous en trouviez une qui vous convienne à tous ses égard et que vous m'en ouvrié la porte quand je serai à porté de vous allé voir.

Vous n'avez qu'à remettre à Mr Boy les 400 livres appartenant à Mad^elle Levasseur, il lui en donnera une quittance; ils seront out de suite couché sur nos livres à l'interai ordinaire, je suis charmé davoir cette ocation à l'obliger, je lui fais mill salutations. Ma fillie que j'ose dire n'être orgueilleuse de rien sauf de l'aitre de votre obligen souvenir, vous en remercie et vous prie par retour d'atachement de lui conserver le vautre. Que vous dirai-je de Julie, c'est toujous la même étourdie qui aimme de tout son cœur son cher neveu; mes fils ne veulent pas aitre oublié et me prie avec mon neveu de vous présanter leurs devoirs vous enverrai-je également la quaisse chandelle quand la saison le permettra? je suis charmé que le petit séjour que vous avès fait chez Mad° Lure vous aye fait plaisir, surement il ne sera pas si grand que celui que vous lui auré fait j'en juge par moi-même qui en aurai un infini à vous prouver de bouche, mon cher ami, toute l'amitié de votre dévouée.

Boy de la Tour.

XII

A Lion, ce 18 7bre 1764.

J'attendai d'un jour à l'autre, mon cher et très cher ami, pour répondre à votre chère et obligeante du 25 dernier que je peut vous acuser l'envoy de vos chandelle qui sont praite depuis longtems, les frère Rosselet n'ont point paru, vous les auré à leur premié voyage.

Vous me navré, cher ami, en me disant que votre santé est toujours languissante, je fais mil vœux pour que le changement d'air et de climat vous retablisse entièrement. La grasse, cher ami, que j'ai à vous demander c'est de gardé les clefs de ma maison et que vous emportié de mes mauvai meubles tout ce qui peut vous convenir. Je n'ai point pensé à aller dans vos cartié cette automne, je ne sais maime si je le pourrai ce prientent, quoique fort impassiante de vous voir et profiter de votre obligent offre dont je vous rend mil et mil grasses.

J'aprend dans ce moment la triste nouvelle du désès du cher Baneret Roguin, je souhaite que ce triste évènement ne fasse pas impression à mon cher oncle. Reservé, cher ami, les devoirs de toute ma rasse et de Mr Boy qui m'a prié de vous le nommer en particulier et des plus sensible à vos amités, mil compliments à Mlle Levasseur, son conte a étté rengé tout de suite.

Nous avons reçu dans ces plus grand challeur un Barilliet traille, fort petit, qu'on nous prie de vous acheminer, nous ne savon de quelle part. Je le fit porté tout de suite à la cave, il a beaucoup coullé, vous reseveré ce qu'il y a dès que nous auron des voiturié.

Mr Decharni ne nous a point veut, on le dit toujours le même, c'est-à-dire fort rempli de lui-même. Marqué moi si vous changé de demeure cet hyver, et si vous avès trouvé un endroit convenable à votre santé; c'est cher ami ce que je vous souhaite très ardemment, puisque je suis éternellement votre amie.

Boy de la Tour.

XIII

A Lion, ce 6 9bre 1764.

Vous ne pouvié, mon cher ami, me donner une nouvelle plus agréable que celle de rester dans ma maison, vous me mété dans une joie qui ne peut ce décrire, en conséquanse je vous prie de dire à Mr Cler de vous faire toutes les réparations qui peuvent vous mettre à l'aise, et donner des commodités, n'épargnié rien et vous m'obligerez; je sans tout le juste de vos réflexions à l'égar de mon neveu et vous en rend mil et mil grasse, on lui ferai

tor de juger son caractère par ses discour qu'il se pique
d'avoir avec les étrangé, tout discour qu'il ne les as avec
nous quoique nous ne le trouvion pas ni près de là, toujours d'acor à la droite raison dans ce qu'il dit, ce qui met
fort sensible, de même quat mes enfans qui sans aperssoive
très-bien et nous met dans le cas de faire entre nous bien
des réflexions qui en leuren fe sant sentir la diformité de
ce manque de délicatesse, les empechera d'y tomber.
J'atribue ces défau au peut de bonne compagnie qu'il a
frecanté ce qui m'a fait prendre le parti de faire beaucoup d'atension à celle que frecante mes enfans qui n'ont
rien de commun de ce coté avec leurs cousien, De grasse,
cher amis, que l'amitié que vous avez pour moi ne vous
mette point dans le cas de vous ennuier avec lui ce qui
serai pour moi un chagrien.

On m'et venu demander votre adresse de la part de
Mad. Chattillon qui et au couven de la probagation, j'ai
répondu que vous ettié en voyage pour vous éviter de ces
lettre inutile vos hordre decideron de ce que je dois faire,
je vous évite autant qu'il peut dépendre de moi beaucoup
de visites, je les épouvente par les mauvai chemain et les
difficultés qu'ils auraià vous voir. — Il est venu un M. Bullaforo capitaine qui nous a dit qu'il aurai quelque chause
à vous faire parvenir, ce que nous ne manqueron pas de
faire à moins d'ordre contraire de votre part.

Vous devés bientot revoir Mr Decharni que sûrement
malgré votre pénétration vous ne connoissez pas; ses
talens ne vous ont-ils point éblouis, ceci entre vous et
moi. Mes salutations à Mad^{elle} Levasseur. Reservé les devoir
de mes enfans et de ma part cher ami l'attachement de
votre dévouée amie.

BOY DE LA TOUR, né ROGUIN

Je ne vous dit rien d'Yverdon vousaète plus à porté d'en avoir des nouvelles, je n'ose tent d'avense parlé de mon voyage, jugé si je manquerai le plaisir de vous voir, je prendrai bien mes précaution pour cela, en attendant bien obligé j'arrangerai le conte comme vous souhaité. Point d'inciétude.

PIÈCES JUSTIFICATIVES

CANTON DE VAUD

EXTRAIT

des Registres des Naissances et Batêmes de la Paroisse de Dammartin et Sugneus.

TENEUR LITTÉRALE DU REGISTRE.	Déterman à Étienne Friaux le 1ᵉʳ (premier) de Juin 1611 (mil six cent onze). Parrains. Honorable Peterman de Lessert. Marraine. Françoise de Lessert.

CANTON DE VAUD

EXTRAIT

des Registres des Naissances et Batêmes de la Paroisse de Cossonay.

TENEUR LITTÉRALE DU REGISTRE.	Benjamin fils d'Egr : et prud'Jean Jacques Delessert bourgeois et Conseiller de Cossonay chatelain de Liste, né le 12 (douze) *Juin* 1690 (mil six cent quatre-vingt-dix), a été battisé le 4 (quatre) Juillet de ditte année et a été présenté au battéme par Mʳ Benjamin Regis de Lonnay. Assessᵃ Baillival et Conseiller de Morges, et par Denᵗᵉ Patomé Régis sa sœur.

19

CANTON DE VAUD

EXTRAIT

des Registres de l'état civil de la Paroisse de Nion.

TENEUR LITTÉRALE DU REGISTRE.	Marie Anne Suzanne née Massé, femme de Paul Benjamin de Lessert. Bourgeois d'Aubonne et de Cossonay, domicilié à Nion est *décédée le* 30 9bre 1801, agée de 64 ans a et été inhumée le 3 x^{bre}.

CANTON DE GENÈVE

EXTRAIT

des Régistes des baptémes — de la République de Genève, transcrit sur le registre du Temple de S^t*-Pierre.*

Je soussigné Ministre du St Évangile, certifie à la réquisition du Sr Benjamin De Lessert, de Cossonay, dans le Canton de Berne et Bourgeois de Genève; que j'ai *administré aujourd'hui, deux mai mil sept cent trente-cinq*, le St Sacrement du baptéme à Étienne, fils légitime dudit S^r De Lessert et de D^{lle} Marguerite Brun, son épouse, en présence de M. J. B^{te} Pioguin et de Mad. Brun, née Sabatice, qui a déclaré le présenter au nom de Mr Étienne Michon, d'Aubonne et de D^{lle} Élisabeth De Lessert de Cossonay, parrain et maraine absents, pour foi de quoi j'ai signé deux certificats de même tenue, à Lyon, le 2 mai 1735. (signé) Étienne Mallet. (enregistré le présent par ordre du conseil, ce 23 Avril 1736 (signé) Marcombe.

ÉTAT CIVIL. PRÉFECTURE DU DÉPARTEMENT DE LA SEINE

De Lessert.

VILLE DE PARIS
Chapelle de Hollande

EXTRAIT

du Registre des actes de Naissance de l'an 1786.

Abraham Gabriel Marguerithe, fils légitime de M. *Etienne De Lessert* B^{ois} de Cossonay, d'Aubonne et de Genève, Banquier à Paris et de D^e *Madelaine Catherine Boy de la Tour*, est né à Paris le 17 Mars dernier, il a eu pour parrain Jacques François Gabriel Etienne de Lessert son frère aîné et pour maraine D^{elle} Marguerite, Madeleine de Lessert, sa sœur aînée et a été baptisé dans la chapelle de leurs hautes Puissances le six octobre mil sept cent quatre vingt six par moi.

Signé : ARMAND CHAPELAIN.

Pour extrait conforme

Cossé

Le 8 août 1847

Le garde des Archives

Le secrétaire général

VILLA.

RUBREME.

TABLEAU GÉNÉALOGIQUE

DE

LA FAMILLE ROGUIN

TABLEAU GÉNÉALOGIQUE DE LA FAMILLE ROGUIN

...uin, famille du pays de Vaud, originaire de Bursins, admise au droit de résidence dans la ville d'Yverdon, en 1663. Parmi ses membres peut citer : Albert-Louis Roguin, né le 13 avril 1693, colonel au service de Sardaigne, mort en 1737 ; — Augustin-Gabriel Roguin, né en ...0, colonel au service de Savoie, tué en Italie le 19 juillet 1744 ; — J.-François Roguin, né en 1708, général-major au service de Sardaigne ; — Augustin-Gabriel Roguin, deuxième du nom, colonel au service de l'Électeur de Saxe, roi de Pologne ; — Georges-Augustin ...guin, né en 1718, colonel au service de Savoie. — Le 16 janvier 1783, Leurs Excellences les souverains Seigneurs de Berne et de Vaud connurent les titres de noblesse accordés à la famille Roguin, le 6 avril 1647, par l'empereur Ferdinand III d'Autriche.

Nous donnons ici quelques degrés généalogiques d'une des branches de cette famille.

Augustin-Gabriel Roguin, d'Yverdon, colonel, né en 1664 ; épousa en 1688 Julianne Fatio, née en 1670, fille de noble Jean-Baptiste Fatio, seigneur de Duillier au pays de Vaud et de Catherine, fille de Gaspard Barbauld, seigneur de Florimont, Grand-Villars et Thiaucourt.

De ce mariage les enfants qui suivent :

César Roguin, habitant à Yverdon ; né en 1693, marié à	Rose-Émilie Roguin, née en 1698, mariée en 1737 à noble Nicolas de Thiènes, de la famille des comtes de ce nom, originaires de Vicence et résidant près d'Yverdon.	Jean-Baptiste Roguin, né le 28 janvier 1689, habitant à Lyon. Marié le 13 avril 1713 à Esther Goudet, de Lyon.

Georges-Augustin Roguin, né à Yverdon, en février 1718, colonel au service de Sardaigne, marié en 1763 à Jeanne-Marie-Anne d'Illens, dont Jean-Jacques Rousseau fait mention dans ses écrits. De ce mariage les quatre enfants ci-dessous :	Augustin-Gabriel Roguin, né à Yverdon le 17 avril 1744. Colonel; épousa le 19 février 1762 Madeleine-Elisabeth Bouquet, de Rolle (Suisse), dont naquit, en 1764, une fille : Caroline-Louise-Henriette Roguin, morte en avril 1772, à Rolle.	Julie-Anne-Marie Roguin, née le 21 novembre 1715 à Lyon; mariée le 3 mai 1740 à Jean-Pierre Roy de la Tour, du comté de Neuchâtel en Suisse, habitant à Lyon, et qui, selon les apparences, n'existait plus en 1776. C'est à Mme Julie Boy de la Tour, née Roguin, que Jean-Jacques Rousseau adressait ses lettres. Du susdit mariage sont nés deux fils et trois filles (voir le tableau généalogique de la famille Boy de la Tour).	Catherine Roguin, née en 1720, résidant à Yverdon.	Adrienne Roguin, sœur jumelle de Catherine.	Jeanne-Émilie Roguin, née en 1726.

iel-Marc-Augustin Roguin, 28 mars 1768 à erdon. — Marié à ....

Louis-Emmanuel Roguin, Yverdon, en 1823. steur en droit, membre du Grand Conseil canton de Vaud. rié à Mlle de Morsier.

Louise-Isabelle-Augustine Roguin, née en 1770, mariée en 1792 à Pierre-Guillaume Trembley, fils de Noble-Abraham Trembley et de Marie von der Strassen.

Henriette-Marie-Anne Roguin, née en 1773, mariée à Jean-Louis Schmidtmeyer, maire de Verrier, mort en 1835.
De ce mariage naquit Anne-Auguste Schmidtmeyer, mariée à Auguste de Morsier.

Julie-Catherine Roguin, née en 1775 (ou 1876), mariée à Londres à Charles-Théophile de Cazenove, mort en 1711 à Genève.

TABLEAU GÉNÉALOGIQUE
DE
LA FAMILLE BOY DE LA TOUR

TABLEAU GÉNÉALOGIQUE DE LA FAMILLE BOY DE LA TOUR

D'après la tradition conservée par la famille Boy de la Tour, elle serait originaire de Savoie et s'est rendue en Suisse où elle s'est établie dans le canton de Neuchâtel. Cette origine savoyarde nous paraît discutable, car la *France protestante*, 1re édition, nous apprend (page 408 dans les pièces justificatives) qu'en 1686 Joseph Boy de la Tour, âgé de quarante-quatre ans, avait été arrêté pour cause de religion. On peut donc présumer que les Boy de la Tour étaient primitivement en France, ont ensuite gagné la Savoie et se sont enfin réfugiés en Suisse.

Pierre Boy de la Tour,

qui résidait à Lyon dès 1744, époque à laquelle il était marié à Julie Roguin, appartenant à une ancienne famille d'Yverdon, originaire de Bursins, au pays de Vaud, et dont plusieurs membres se sont illustrés au service du roi de Sardaigne. On peut citer : Albert-Louis Roguin, né en 1693, mort colonel au service de Sardaigne, en 1737 ; Augustin-Gabriel Roguin, colonel du régiment de son nom, service de Savoie, tué en Italie, le 14 juillet 1744 ; Jonas-François Roguin, né en 1708, général-major au service de Sardaigne ; Augustin-Gabriel Roguin, deuxième du nom, colonel au service du roi de Pologne.

Pierre Boy de la Tour, deuxième du nom, né le 8 mars 1742, à Lyon (suivant les notes de Benjamin de Lessert, son beau-frère). Décédé à Motiers (principauté de Neuchâtel), en juin 1821, marié à Nanette-Salomé Du Tuyier. Pierre est cité, en 1756, comme fils de Pierre Boy de la Tour sur un registre de la paroisse d'Yverdon. Boy de la Tour, née du Comme…

François-Louis Boy de la Tour, né en septembre 1744. Cité dans un registre de la paroisse d'Yverdon comme François-Louis, fils de Pierre Boy de la Tour et vivant en 1759. Suivant les notes de la famille Boy de la Tour, il aurait épousé une demoiselle Deschamps dont il n'aurait pas eu d'enfants. Mort à Lyon, le 28 mars 1819. En 1780, M. Louis Roy de la Tour, négociant à Lyon, fut parrain de François-Marie de Lessert, son neveu, baptisé à Paris, le…

Madeleine-Catherine Boy de la Tour, née en août 1747. Ce fut à son intention que Jean-Jacques Rousseau écrivit les *Lettres élémentaires sur la Botanique*. Le 9 octobre 1766 elle épousa Étienne de Lessert, fils de Benjamin de Lessert, banquier à Lyon, et de Marguerite Brun, qui se fixa à Paris vers 1748. De ce mariage plusieurs enfants, parmi lesquels :
1° Jacques-François-Gabriel-Étienne, né à Lyon, 5 mars 1771, qui défendit les Thuileries, le 10 août 1792, avec le bataillon dit des Filles-Saint-Thomas, où il était officier. Mort aux États-

Julie Boy de la Tour, née à Yverdon, le 3 juin 1751. Elle épouse M. de Willading, banneret de ladite ville. Elle mourut à Berne le 28 novembre 1826, laissant :
1° Julie-Marguerite de Willading, née à Berne, le 29 février 1780, mariée à Henry Foesy.
2° Armande-Madeleine-Émilie de Willading, née le 10 juillet 1781, mariée à Frédéric-Charles-Louis de Kirchberger, de Berne.

Élisabeth-Émilie Boy de la Tour, née en novembre 1754, mariée à M. Guillaume Mallet, de Paris, né en 1747, fils aîné de Jacques Mallet, banquier à Paris, et de Louise-Madeleine Bresson. Guillaume Mallet continua la maison de banque de son père, devint régent de la Banque de France, fut créé baron de l'empire, en 1810, le 9 septembre, avec établissement d'un majorat, le 25 mars 1813. Élisabeth Boy de la Tour, dame Mallet, mourut

est contirmée par les notes fournies par M. J.-B.-Benjamin de Lessert, neveu de M. Louis Boy de la Tour.

... des sciences, etc.
3° François-Marie de Lessert, né à Paris, 2 avril 1780.
4° Ab.-Gabriel-Marguerite de Lessert, né à Paris, le 17 mars 1786. Décédé à Passy, 29 janvier 1858.

quième], mentionne Mlle Julie Boy de la Tour.

Jean-Gabriel Boy de la Tour, né le 8 juin 1794 à Motiers (canton de Neuchâtel). Décédé à Marseille, en 1821, sans alliance.

Louis-*Gaston* Boy de la Tour, né le 26 septembre 1795, à Motiers. Marié à Clémentine-Marie Guébhard. Décédé à Marseille, en avril 1858.

Louise-Madeleine-Émilie Boy de la Tour née le 16 septembre, 1797. Décédée aux Ponts-Martell, en juin 1848, sans alliance.

Georges-Charles-Ferdinand Boy de la Tour, né le 12 juin 1801, à Motiers. Négociant à Marseille, puis directeur de la Compagnie d'assurances contre l'incendie la Nationale, à Paris. Chevalier de la Légion d'honneur. Décédé à Motiers-Travers (en Suisse) le 20 août 1875, sans alliance.

Georges-Titus Boy de la Tour, né à Marseille le 21 décembre 1828. Marié le 24 juillet 1854 à Elisa d'Yvernois. Résidant à Motiers-Travers, au canton de Neuchâtel (Suisse).

Ernest-François Boy de la Tour, né à Marseille le 2 décembre 1837. Marié à Mlle Marie Uze dont il eut les deux enfants ci-dessous :

Fernand-Joseph-Gaston Boy de la Tour, né à Marseille, célibataire, décédé en 1876.

Augusta de la Tour.

Edmond Boy de la Tour, né à Motiers, le 18 février 1860.

Maurice Boy de la Tour, né à Motiers, le 1er janvier 1862.

Gaston Boy de la Tour.

Gabrielle Boy de la Tour.

TABLE

Avis au lecteur.. I
Préface.. V

I. — A madame boy de la tour, à Yverdun.
    Motiers, 18 juillet 1762.

   Il s'établit dans la maison de Mme Boy de la Tour
   à Motiers. — Détails de l'installation, les voisins.
   — Demande des nouvelles de la famille. — Il se sert
   de sa pelote à épingles, un cadeau de Mme Boy...   1

II. — A madame boy de la tour, chez M. D. Roguin,
     à Yverdun.
    Motiers, 30 août 1762.

   Le « concierge » Jean-Jacques se trouve fort bien de
   sa nouvelle demeure. — Il n'ose aller à Neuchatel.
   — Mêmes commissions pour Mme Boy, une robe,
   des bonnets fourrés...................................   6

III. — A madame boy de la tour, à Lyon.
     Motiers, 9 8bre 1762.

   Commissions. — Il lui faut une robe de bouracan avec
   fourrure, une ceinture. — Le fameux costume armé-

nien. — Jean-Jacques tailleur. — Les lacets de mariage. — La maison de la montagne............... 11

IV. — A MADAME BOY DE LA TOUR, à Lyon.
Motiers, 5 9bre 1762.

Déballage d'une caisse. — Bonnets et lacets. — Encore la maison de la montagne. — Nouvelles de la famille Boy.. 17

V. — A MADAME BOY DE LA TOUR.
Motiers, 23 9bre 1762.

Commissions. — Ceintures de filoche et ceintures de soie. — Règlement de quelques petites notes. — Brouille avec les voisins. — Soie à lacets, almanacs de poche, curedents et amadou. — Morellet. — Temps pluvieux et épinette............................. 21

VI. — A MADAME BOY DE LA TOUR.
Motiers, 17 X^{bre} 1762.

Réception de marrons. — Toujours les lacets. — Il faudrait envoyer « de ces souliers de paille qu'on porte à Lyon dans les magasins ».................. 27

VII. — A MADAME BOY DE LA TOUR.
Motiers, 27 *janvier* 1763.

Les marrons ont fait des jaloux. — Mlle de Montmolin est malade. — Il demande sa note. — La brouille continue avec les voisins...................... 29

VIII. — A MADAME BOY DE LA TOUR.
Motiers, 6 *février* 1763.

Mort du voisin. — Jean-Jacques a oublié sa rancune et a envoyé Thérèse le soigner.................. 34

TABLE. 303

IX. — A MADAME BOY DE LA TOUR.
    Motiers, 2 mars 1763.

    A fait connaissance avec M. Girardier. — Demande sa note. — Il lui envoie des langues salées............ 36

X. — A MADAME BOY DE LA TOUR.
    Motiers, 27 mars 1763.

    Il lui envoie des lacets. — Il demande un bonnet : il envoie la mesure de sa tête entre deux nœuds sur un fil. — Il lui faut du papier à lettres. — La lettre à Mgr de Beaumont. — Il se porte assez bien. — Le post-scriptum d'un client avisé.................. 38

XI. — A MADAME BOY DE LA TOUR.
    Motiers, 7 mai 1763.

    Accusé de réception pour le papier et les étoffes. — Départ de mylord Maréchal. — Inquiétudes pour l'avenir. — Précaution pour la poste. — Le cachet à la lyre.. 41

XII. — A MADAME BOY DE LA TOUR.
    Motiers, 10 juin 1763.

    Brouille avec les gens du pays. — Le projet de mariage de Mlle Boy. — La maison de la montagne. — A reçu la visite de M. le Consul..................... 48

XIII. — A MADAME BOY DE LA TOUR.
    A Motiers, 14 août 1763.

    Découragement. — Calomnies des gens du pays concernant Thérèse. — Apologie de Mlle Le Vasseur. — Testament en sa faveur. — Précautions prises contre la malice des voisins. — Il installe sa cave......... 51

XIV. — A MADAME BOY DE LA TOUR.
A *Motiers*, 9 8bre 1763.

Un mariage manqué. — Projet de voyage en Écosse. — Commande du papier à lettres, canifs, caffetan d'été, ceintures, pantoufles jaunes. — Il a le pied extrêmement petit... 56

XV. — A MADAME BOY DE LA TOUR.
A *Motiers*, 19 9bre 1763.

Commande de bonnets. — Un manchon pour la fête de Thérèse. — Une façon gaillarde d'acquitter ses dettes. — Le concierge honteux. — Point de manchon pour Thérèse, mais bien un bonnet de nuit pour Jean-Jacques... 62

XVI. — A MADAME BOY DE LA TOUR.
A *Motiers*, 18 X^bre 1763.

Accusé de réception du padou et des lacets. — Règlement de comptes. — Un écrit apocryphe de Jean-Jacques Rousseau. — Santé délabrée. — Mémoire. — La garde-robe de Jean-Jacques Rousseau......... 67

XVII. — A MADAME BOY DE LA TOUR, à Lyon.
A *Motiers*, 19 *février* 1764.

Règlement de comptes. — Accusé de réception d'une caisse de chandelles............................... 73

XVIII. — A MADAME BOY DE LA TOUR.
A *Motiers*, 29 *avril* 1764.

Grave affaire de mitoyenneté.................. 76

TABLE.

XIX. — A MADAME BOY DE LA TOUR, à Lyon.
A *Motiers*, 2 *juin* 1764.

Jean-Jacques en quarantaine. — Mort de M. de Luxembourg 80

XX. — A MADAME BOY DE LA TOUR, à Lyon.
A *Motiers*, 7 *juillet* 1764.

Assurances d'affection. — Le choix d'une demeure... 82

XXI. — A MADAME BOY DE LA TOUR, à Lyon.
A *Motiers*, 25 *août* 1764.

Jean-Jacques à Aix-les-Bains. — Santé misérable..... 86

XXII. — A MADAME BOY DE LA TOUR, à Lyon.
A *Motiers*, 28 8bre 1764.

Un dangereux galant homme. — Ballot d'huile avarié. — Le voilà terré pour tout l'hiver 88

XXIII. — A MADAME BOY DE LA TOUR, à Lyon.
A *Motiers*, 18 9bre 1764.

Papiers d'affaires. — Jean-Jacques parrain. — Cadeaux à la filleule et à la commère. — Envoi de langues salées, moins mauvaises que celles des gens de Motiers.. 92

XXIV. — A MADAME BOY DE LA TOUR, à Lyon.
A *Motiers*, 20 *janvier* 1765.

Il l'attend à Motiers. — Découragement 96

XXV. — A MADAME BOY DE LA TOUR, à Lyon.
A *Motiers*, 17 *février* 1765.

Commission indiscrète. — Motiers lui devient intolérable.. 99

XXVI. — A MADAME BOY DE LA TOUR, à Lyon.
A Motiers, 21 avril 1765.

Enchanté d'avoir fait la connaissance de M. Boy fils. — Tracasseries avec la prêtraille.................. 101

XXVII. — A MADAME BOY DE LA TOUR, à Lyon.
A Motiers, 5 mai 1765.

Menues commissions............................ 106

XXVIII. — A MADAME BOY DE LA TOUR, à Lyon.
A l'Isle Saint-Pierre, 13 8bre 1765.

Récit de son départ de Motiers. — Calme retraite à l'île Saint-Pierre..................................... 108

XXIX. — A MADAME BOY DE LA TOUR, à Lyon.
A Strasbourg, 4 Xbre 1765.

Il est arrivé à Strasbourg rendu de maux et de fatigue. — Il renonce à aller à Berlin. — Il gagnera l'Angleterre en passant par Paris. — Les ceintures sont trop courtes et les épingles les déchirent........... 114

XXX. — A MADAME BOY DE LA TOUR, à Lyon.
24 juillet 1767.

Retour d'Angleterre. — Madelon est mariée. — Il faut lui adresser ses lettres avec la suscription : Pour le citoyen... 117

XXXI. — A MESSIEURS BOY DE LA TOUR, à Lyon.
A Grenoble, 13 juillet 1768.

Tournées d'herborisation en Savoie. — Il attend à Grenoble Mlle Le Vasseur......................... 120

XXXII. — A MONSIEUR BOY DE LA TOUR (l'aîné) à Lyon.
A Grenoble, 22 juillet 1768.

Le comte de Clermont-Tonnerre lui fait parvenir ses lettres à Grenoble. — Il a pris le pseudonyme de Renou... 123

XXXIII. — A MONSIEUR BOY DE LA TOUR l'aîné, rue de la Font, à Lyon.
A Bourgoin, 13 août 1768,

Arrivée à Bourgoin. — Il loge à la Fontaine d'Or. — Mlle Le Vasseur a quitté Trye pour le venir rejoindre. 125

XXXIV. — A MONSIEUR BOY DE LA TOUR l'aîné, à Lyon.
A Bourgoin, à la Fontaine d'Or, 15 août 1768.

Il presse le retour de Mlle Le Vasseur, et attend des nouvelles... 126

XXXV. — A MONSIEUR BOY DE LA TOUR l'aîné, rue de la Font, à Lyon.
A Bourgoin, 24 août 1768.

Instructions pour le voyage de Thérèse. — Indécis sur le parti qu'il doit prendre........................ 129

XXXVI. — A MONSIEUR BOY DE LA TOUR l'aîné, à Lyon.
A Bourgoin, 25 août 1768.

Remerciements pour les nouvelles qu'il a reçues. — On achève de le rendre fou........................ 133

XXXVII. — A MONSIEUR BOY DE LA TOUR l'aîné, à Lyon.
A Bourgoin, 26 août 1768.

Thérèse est arrivée. — Il ne sait encore où ils iront. — Il réclame une tabatière perdue.................. 133

XXXVIII. — A MONSIEUR BOY DE LA TOUR l'aîné, à Lyon.
    A Bourgoin, 2 7bre 1768.

Les approches de l'hiver le déterminent à rester à Bourgoin. — Il a loué un appartement. — Son mariage avec Mlle Le Vasseur. — Il maugrée contre son agent qui lui a placé des fonds chez les capucins... 135

XXXIX. — A MADAME BOY DE LA TOUR.
    A Bourgoin 5 7bre 1768.

Il l'informe de son installation à Bourgoin, de son mariage. — Redites à ce propos. — Nouvelles diverses. 137

XL. — A MONSIEUR BOY DE LA TOUR l'aîné, à Lyon,
    A Bourgoin, 5 7bre 1768.

Le passeport de Mlle Le Vasseur. — Erreur compromettante de M. Boy. — Il installe son petit ménage. On lui prête la batterie de cuisine. — Il lui faut une alliance d'or, et quelques adresses de fournisseurs. — Il rompt tout commerce avec les Genevois.......... 141

XLI. — A MONSIEUR BOY DE LA TOUR l'aîné, à Lyon.
    A Bourgoin, 9 7bre 1768.

Menues commissions. — On lui prête des couteaux et un moulin à café : il est inutile d'en acheter........ 145

XLII. — A MONSIEUR BOY DE LA TOUR l'aîné, rue la Font, à Lyon.
    A Bourgoin, 21 7bre 1768.

La robe que Madelon a donnée à Thérèse est trop belle, elle ne la portera pas. — Appel de fonds. — Affaire Thévenin 146

TABLE. 309

XLIII. — A MONSIEUR BOY DE LA TOUR l'aîné, à Lyon.
A Bourgoin, 26 7bre 1768.

Enchanté d'avoir fait sa connaissance. — Correspondance obstruée.................................... 151

XLIV. — A MONSIEUR BOY DE LA TOUR l'aîné, à Lyon.
A Bourgoin, 5 8bre 1768.

Affaire Thévenin. — Intervention du comte de Clermont-Tonnerre. — Jean-Jacques et la justice....... 153

XLV. — A MADAME BOY DE LA TOUR, à Lyon.
A Bourgoin, 12 8bre 1768.

Projet de réunion chez lui. — Il cherchera quelque chaise ou cabriolet. — Joie de la revoir............ 155

XLVI. — A MONSIEUR BOY DE LA TOUR l'aîné, à Lyon.
A Bourgoin, 18 8bre 1768.

Demande de nouvelles 160

XLVII. — A MADAME BOY DE LA TOUR, à Lyon.
A Bourgoin, 26 8bre 1768.

Excuses pour la mauvaise réception qu'elle a eue. — Il a un tas de réponses accumulées et indispensables à faire 161

XLVIII. — A MONSIEUR BOY DE LA TOUR l'aîné, à Lyon.
A Bourgoin, 9 9bre 1768.

Accusé de réception de menues commissions dont une bague. — Règlement de compte des ports de lettres.. 162

XLIX. — A MADAME BOY DE LA TOUR, à Lyon.
  A Bourgoin, 14 9bre 1868.

  Il la charge d'une lettre pour mylord Mareschal. —
  Dénouement de l'affaire Thévenin. — La robe de
  Thérèse.. 164

L. — A MADAME BOY DE LA TOUR, à Lyon.
  A Bourgoin, 12 X^{bre} 1768.

  Faux bruits sur son compte. — En cela comme en
  beaucoup d'autres choses il a mangé son pain blanc
  le premier. — Il déplore son invincible paresse, et
  chante des strophes du Tasse. — Il dédaigne le soin
  que veulent prendre de lui les amis de d'Alembert. 166

LI. — A MONSIEUR BOY DE LA TOUR l'aîné, à Lyon.
  A Bourgoin, 13 X^{bre} 1768.

  En quête d'un logement. — Expression de sa reconnaissance... 169

LII. — A MADAME BOY DE LA TOUR.
  A Bourgoin, le 6 *janvier* 1769.

  Il refuse le secours des médecins. — Il ne guérira
  qu'en changeant de séjour........................ 170

LIII. — A MADAME BOY DE LA TOUR, à Lyon.
  A Bourgoin, 17 *janvier* 1769.

  Embarras d'un déménagement. — Il lui faut des fruits
  de carême, des agrafes, des lunettes............... 171

LIV. — A MADAME BOY DE LA TOUR.
  A Monquin, 1er *février* 1769.

  Installation à Monquin. — Il souffre d'une enflure intérieure qui a fait effort au point de soulever et de
  déjeter ses fausses côtes du côté droit............. 172

LV. — A MADAME BOY DE LA TOUR.
    8 *février* 1769.

    Nouvelles de sa santé.................................. 176

LVI. — A MADAME BOY DE LA TOUR.
    13 *février* 1769.

    Ils ont un pied de neige. — Il a pris une bêche pour se faire un petit chemin. — Il a reçu de nouvelles plantes qui l'ont remis à son foin...................... 177

LVII. — A MADAME BOY DE LA TOUR, à Lyon.
    A Monquin, 17 *mars* 1769.

    Il va mieux. — Le vin de cabaret, frelaté d'alun, ne lui vaut rien... 181

LVIII. — A MADAME BOY DE LA TOUR, à Lyon.
    A Monquin, 18 *avril* 1769.

    Il attend la visite de M. de Luze...................... 183

LIX. — A MADAME BOY DE LA TOUR, à Lyon.
    A Monquin, par Bourgoin, 2 *juin* 1769.

    Nouvelles de sa santé. — Madame Renou a des crachements de sang.. 184

LX. — A MONSIEUR BOY DE LA TOUR l'aîné, à Lyon.
    A Monquin, 12 *juin* 1769.

    Félicitations pour l'accouchement de Mme Delessert. — Le mariage de du Peyrou...................... 186

LXI. — A MADAME BOY DE LA TOUR, à Lyon.
A Monquin, 29 août 1769.

    Herborisation sur le mont Pila. — Aventure de son chien Sultan 187

LXII. — A MADAME BOY DE LA TOUR, à Lyon.
Monquin, 19 7bre 1769.

    Il a une foulure à la main. — Sultan a été mordu. — Il voudrait une épinette. — Dispositions à prendre pour le transport.................................... 190

LXIII. — A MADAME BOY DE LA TOUR, à Lyon.
A Monquin, 6 8bre 1769.

    Instructions pour le transport de l'épinette. — Le perruquier de Bourgeois conduira les porteurs. — S'ils ménagent l'instrument ils auront trente sous pour boire. — Menues commissions, gants, chandelles. — Sur le malheur d'être obligé par ses amis.......... 194

LXIV. — A MONSIEUR BOY DE LA TOUR l'aîné, à Lyon.
A Monquin, 20 8bre 1769.

    Lettre d'affaires.................................... 199

LXV. — A MADAME BOY DE LA TOUR, à Lyon.
Monquin, 31 8bre 1769.

    L'épinette est arrivée. — Nouvelles ses amis......... 200

LXVI. — A MADAME BOY DE LA TOUR, rue Lafont, à côté de l'Hôtel de Ville, à Lyon.
Monquin, 14 X^{bre} 1769.

    Envoi d'un herbier à la duchesse de Portland......... 203

LXVII. — A MADAME BOY DE LA TOUR, à Lyon.
Monquin, 2 janvier 1770.

Remerciements pour un envoi de confitures et de vin. — Rude hiver. — Le feu ne fait que le rôtir d'un côté tandis qu'il gèle de l'autre ; il a l'onglée............ 205

LXVIII. — A MADAME BOY DE LA TOUR, à Lyon.
Monquin, 22 janvier 1770.

Déménagement. — Il faut une charrette et une chaise. 207

LXIX. — A MADAME BOY DE LA TOUR, à Lyon.
Monquin, 7 mars 1770.

Il faut qu'il déménage avant quinze jours. — L'herbier de la duchesse de Portland est égaré. — Les poules de Jean-Jacques................................. 210

LXX. — A MADAME BOY DE LA TOUR, à Lyon.
Monquin, 16 mars 1870.

L'état des chemins retarde le déménagement. 215

LXXI. — A MADAME BOY DE LA TOUR, à sa campagne.
Lyon, 9 juin 1770.

Il quitte à regret la maison de Mme Boy où il a passé quelque temps.................................... 217

LXXII. — A MADAME BOY DE LA TOUR, à Lyon.
Paris, 7 juillet 1770.

Il est satisfait de son séjour à Paris où il a repris son ancien logement. — Il fait venir son herbier et ses effets étant résolu de s'y fixer au moins pour un certain temps.................................... 219

LXXIII. — A MONSIEUR BOY DE LA TOUR l'aîné, à Lyon.
Paris, 16 *juillet* 1770.

    Remerciements et civilités.......................... 223

LXXIV. — A MONSIEUR BOY DE LA TOUR l'aîné, rue de la Font, à Lyon.
Paris, 14 *août* 1770.

    Avis de réception et civilités........................ 224

LXXV. — A MADAME BOY DE LA TOUR, à Lyon.
Paris, 27 *août* 1770.

    Détails sur sa vie privée........................... 226

LXXVI. — A MADAME BOY DE LA TOUR.
26 9bre 1770, *Paris.*

    Nouvelles diverses. — Tracasseries au sujet de la pension du roi d'Angleterre........................... 228

LXXVII. — A MONSIEUR BOY DE LA TOUR l'aîné, à Lyon.
Paris, 28 Xbre 1770.

    Commissions de chocolat et d'huile................. 232

LXXVIII. — A MADAME BOY DE LA TOUR.
28 Xbre 1770, *Paris.*

    Remerciements. Paris est trop grand................ 234

LXXIX. — A MADAME BOY DE LA TOUR, à Lyon.
17 *mars* 1771, *Paris.*

    Appel de fonds..................................... 236

LXXX. — A MADAME BOY DE LA TOUR, à Lyon.
.*Paris, 3 avril* 1771.

Félicitations pour une naissance. — Civilités de sa femme.
— Elle est de moitié dans tout ce qu'il lui écrit...... 239

LXXXI. — A MADAME BOY DE LA TOUR, à Lyon.
5 *avril* 1771, *Paris.*

Remerciements pour des truffes...................... 242

LXXXII. — A MADAME BOY DE LA TOUR.
Paris, 20 *juillet* 1771.

Condoléances. — Sourdes colères contre les ouvriers de ténèbres qui le persécutent. — Réminiscences mélancoliques du temps où M. Roguin vivait............. 243

LXXXIII. — A MONSIEUR BOY DE LA TOUR l'aîné, à Lyon.
Paris, 3 *janvier* 1772.

Lettre d'affaires................................... 246

LXXXIV. — A MADAME BOY DE LA TOUR, à Lyon.
Paris, 16 *avril* 1772.

Il est très occupé, le travail est venu en abondance.
— Envoi d'un herbier............................ 249

LXXXV. — A MADAME BOY DE LA TOUR, à Rolle.
Paris, 22 8bre 1772.

Conseils pour la foulure de son pied. — Détails sur l'herbier qu'il a envoyé........................... 253

LXXXVI. — A MADAME BOY DE LA TOUR, à Lyon.
Paris, 18 *janvier* 1773.

Il est très occupé. — Nouvelles diverses............. 257

TABLE.

LXXXVII. — Billet. — Envoi de billets.................... 259

LXXXVIII. — A MADAME BOY DE LA TOUR.

    Invitation à dîner................................. 259

LXXXIX. — A MADAME BOY DE LA TOUR.
    23 *juin*.

    Réflexions mélancoliques. — Un livre apocryphe. — Mariage de du Peyrou........................... 260

XC. — A MADAME BOY DE LA TOUR.
    Samedi.

    Protestations affectueuses......................... 262

XCI. — POUR MADAME BOY DE LA TOUR.
    Samedi matin.

    voi d'un canard sauvage et de deux bécassines. — Invitation à dîner et à la partie d'échecs........... 263

APPENDICE.................................... 265
PIÈCES JUSTIFICATIVES........................... 287
TABLEAU GÉNÉALOGIQUE DE LA FAMILLE ROGUIN...... 293
TABLEAU GÉNÉALOGIQUE DE LA FAMILLE BOY DE LA TOUR. 297

49-91. — CORBEIL. Imprimerie CRÉTÉ.

CALMANN LÉVY, ÉDITEUR

DERNIÈRES PUBLICATIONS

— Format in-8° —

LE DUC D'AUMALE
Histoire des princes de Condé, 5 volumes.................... 37 50

MARCEL BARRIÈRE
L'OEuvre de H. de Balzac, 1 volume.................... 7 50

JOSEPH BERTRAND
Blaise Pascal, 1 volume...... 7 50

F. BONNEVILLE DE MARSANGY
Madame de Beaumarchais, 1 volume.................... 7 50

DUC DE BROGLIE
Maurice de Saxe et le marquis d'Argenson, 2 volumes...... 15 »

JAMES DARMESTETER
Les Prophetes d'Israël, 1 vol. 7 50

ERNEST HAVET
La Modernité des Prophètes, 1 volume.................... 5 »

PIERRE LOTI
Madame Chrysanthème, 1 volume illustré................ 15 »

EUGÈNE MANUEL
Poésies du foyer et de l'école, 1 volume...... .... 6 »

PROSPER MÉRIMÉE
Chronique du Règne de Charles IX, 1 volume..... 15 »

F. MUGNIER
J.-J. Rousseau et Madame de Warens, 1 volume...... .... 7 50

DUC DE NOAILLES
Cent ans de République aux États-Unis, 2 volumes...... 15 »

DUC D'ORLÉANS
Récits de campagne, 1833-1841, publiés par ses fils le Comte de Paris et le Duc de Chartres, 1 volume......... 7 50

COMTE DE PARIS
Histoire de la Guerre civile en Amérique, t. I à VII........ 52 50

LUCIEN PEREY
La Fin du XVIIIe siècle : le duc de Nivernais, 1 volume..... 7 50

E. PÉROZ
Au Soudan français, 1 vol..... 7 50

COMTE CH. POZZO DI BORGO
Correspondance diplomatique, t. Ier....................... 7 50

ERNEST RENAN
Histoire du peuple d'Israël, t. I, II et III................ 22 40
Feuilles détachées, 1 vol...... 7 50

G. ROTHAN
L'Europe et l'avènement du second Empire, 1 volume... 7 50

PRINCE DE TALLEYRAND
Mémoires, avec une préface du Duc de Broglie, t. I, II, III, IV. 30 »

GÉNÉRAL THOUMAS
Le Maréchal Lannes, 1 vol.... 7 50

L. THOUVENEL
Nicolas Ier et Napoléon III, 1 volume.................... 7 50

Paris. — Imprimerie A. DELAFOY, 3, rue Auber.

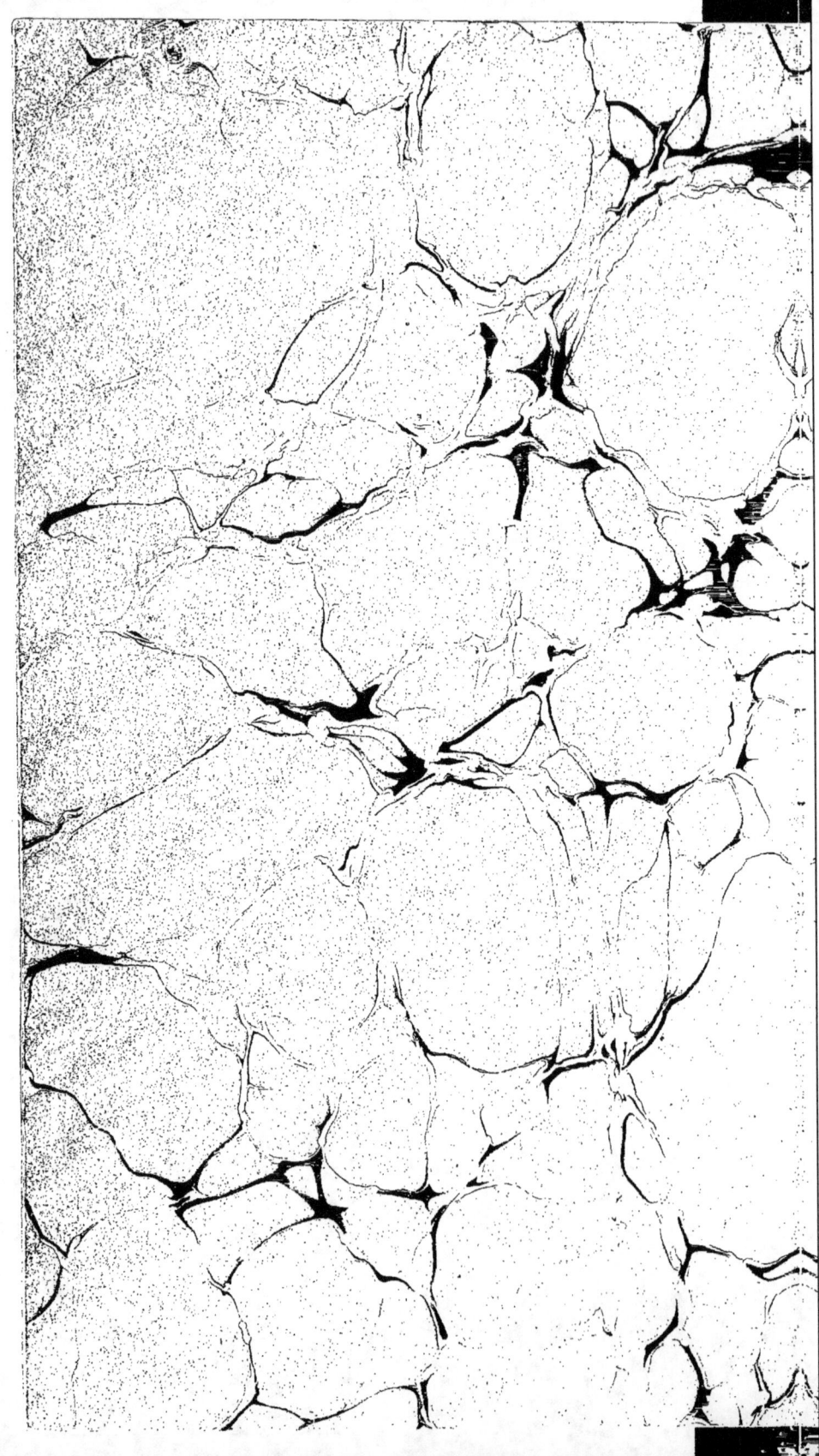

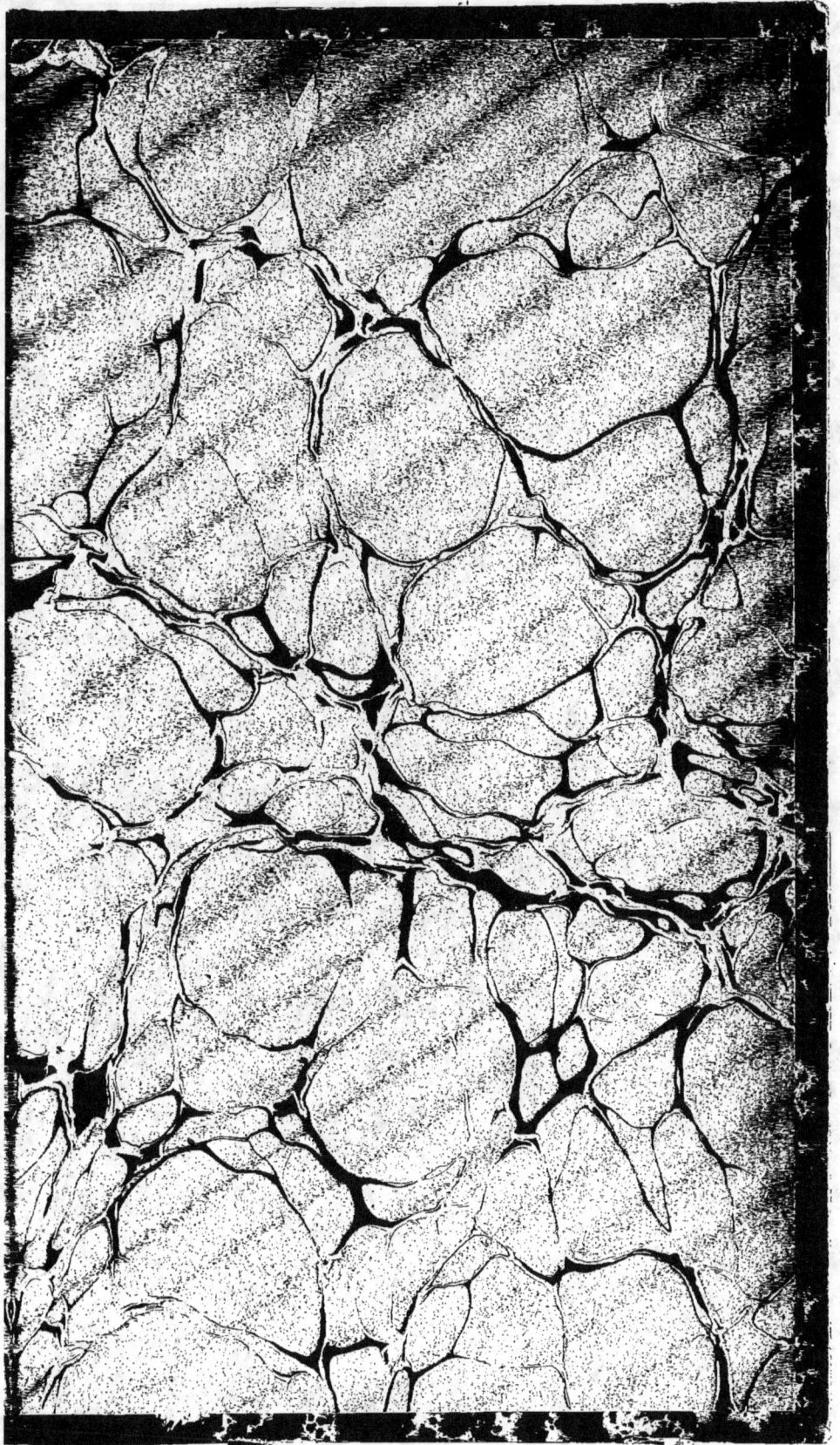

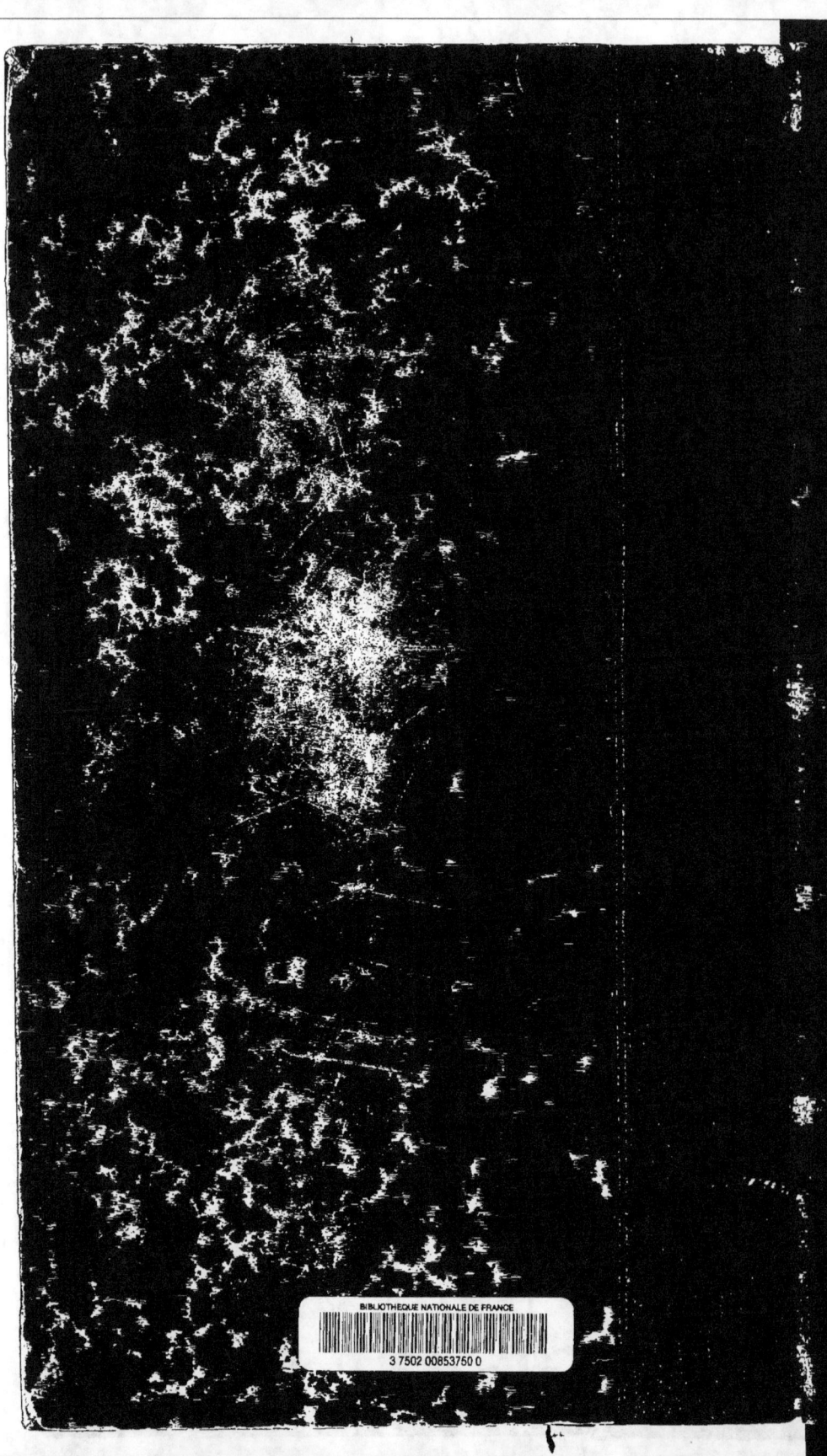

www.ingramcontent.com/pod-product-compliance
Lightning Source LLC
Chambersburg PA
CBHW052032230426
43671CB00011B/1620